청소년들의 진로와 직업 탐색을 위한
잡프러포즈 시리즈 45

사랑하는 사람들을 지키는 국가대표 직업군인

사랑하는 사람들을 지키는

국가대표 직업군인

TaLK SHOW

양으로 100년을 사느니 단 하루를 살아도 사자로 살고 싶다.

- 조지 패튼 장군, George Smith Patton Jr. -
1885~1945

힘이 없는 정의는 무기력하고 정의가 없는 힘은 폭압적이다.

- 파스칼, Blaise Pascal -
1623~1662

C·O·N·T·E·N·T·S

직업군인 A to Z

C·O·N·T·E·N·T·S

PROPOSE

"군인은 전쟁을 하는 자가 아니라
평화를 지키는 자
군인은 죽이는 자가 아니라
평화를 위해 죽는 자"
세상에서 '군인'을 이보다 더 정확하고 멋있게 표현한 말이 있을까요?

청소년 여러분 안녕하십니까? 저는 육군 기갑 대령 최무룡입니다. 군대에서는 이 짧은 한 문장으로 저의 소개가 끝난답니다.^^ 저는 피 끓던 육군 사관생도 시절 광개토대왕과 함께 만주 벌판을 내달리던 고구려의 기마부대처럼 21세기의 개마무사가 되고 싶었습니다. 우리 옛 땅을 되찾겠다는 꿈을 꾸며 현대의 기마부대라고 할 수 있는 전차를 타는 기갑장교로 군 생활을 시작했고 올해로 35년이 되었습니다.

오랜 세월, 전투복을 입고 대한민국 방방곡곡, 세계의 이곳저곳을 다니며 살아왔습니다. 수많은 20대의 젊은 친구들이 저의 전우로서 동고동락 하다가 건강하고 건전한 시민으로 복귀했습니다. 대부분의 사람들이 군대에 대한 막연한 두려움과 부담감을 갖고 있었고 오해와 편견을 가진 채 입대하는 걸 보며 늘 안타까웠습니다.

제가 알고 있는 군에 대한 지식을 여러분께 최대한 전달하고자 합니다. 이 책을 읽는 분들 중에는 본인의 장래 직업으로 직업군인을 고려하는 분도 있겠죠. 늘 전쟁의 위험 속에 살아가고 있는 우리나라에서 직업군인은 청소년들에게 의외로 인기가 높은 편입니다. 직업군인이 되기 위한 특성화 고등학교도 많고, 대학의 군사학과로 진학하는 사람들도 눈에 띌 정도로 늘어났습니다.

저는 군인과 군대에 대한 환상을 심어 주고 싶지 않습니다. 제 군대 인생을 통해 경험하고 습득했던 내용을 토대로 장점과 단점을 가감 없이 전달할 것입니다. 물론 저는 군대 생활에 만족하고, 그 시간들이 너무 자랑스럽습니다. 좋은 면이 부각될 수도 있겠죠. 하지만 그것조차도 절대 과장이나 왜곡이 아닌 있는 그대로의 사실이라는 걸 자신 있게 말씀드립니다.

요즘 군인 아파트 지역에 BTS의 팬들이 가장 많다는 농담을 합니다. 군인뿐 아니라 중고생들 중에도 KOREA ARMY라고 적힌 셔츠를 입고 다니는 사람이 많습니다.

여러분이 군인이 되면 바로 그 순간 KOREA의 대표 선수가 됩니다.
여러분 앞에는 항상 대한민국이라는 네 글자가 붙어 다닐 것입니다.

여러분!
여러분에게 유구한 역사를 자랑하고,
내 목숨을 바쳐 사랑하는 사람들을 지키는
신성한 임무를 수행하는 국가대표,
'대한민국 직업군인'을 프러포즈합니다.

첫인사

– 토크쇼 편집자

편 대령님, 안녕하세요? 인터뷰 들어가기에 앞서 양해 말씀을 드려야 할 것 같아요. 저는 군대를 잘 몰라서 대령님이 말씀하시는 군대 관련 용어도 다 질문드릴 것 같습니다. 초등학생을 대한다는 마음으로 인터뷰 부탁드려요. 우선 대령님의 소개를 부탁드릴게요.

최 저는 대전에 있는 육군교육사령부에 근무하고 있는 최무룡 대령입니다. 1986년 태릉에 있는 육군사관학교에 입학해서 1990년에 소위 계급장을 달고 임관했습니다. 35년이 넘었죠. 저는 탱크를 타고 전투를 하는 기갑병과장교입니다.

편 병과는 어떤 건가요?

최 군인들 중에는 땅에서 걸어 다니며 싸우는 보병도 있고, 저처럼 주로 탱크를 타고 싸우는 기갑도 있고, 헬리콥터를 타고 다니는 육군 항공, 전투하는 사람들을 지원해 주는 군수, 인사, 수송, 재정 등의 다양한 기능이 있는데 이런 기능들을 병과라고 부릅니다. 저의 병과인 기갑은 예전에는 기병이라고 말 타고 싸우는 병과였는데 요즘은 탱크를 타면서 기갑이라고 부릅니다.

편 이해가 되었습니다.

최 보통 소대장이 전차 세 대를 지휘합니다. 이렇게 소대장부터 시작해서 대령을 달고 전차, 장갑차 수백 대와 병력 2~3천 명 정도를 지휘하는 여단장까지 직접 경험을 했습니다. 군 생활하면서 개인적으로 다양한 경험을 했다고 생각하는데, 말레이시아 지휘참모대학이라고 소령급 장교들을 군사 교육하는 곳에서 교육도 받았어요.

이라크 전쟁이 한창이던 2006~2007년은 반란 세력들의 테러가 심각할 때였는데 저는 그 당시 이라크 바그다드 현장에 있었습니다. 저는 군인으로서 운이 좋은 편이었어요. 장교가 갈 수 있는 가장 작은 부대가 소대예요. 소위를 달고 나가면 제일 먼저 하는 게 소대장인데 그 소대부터 중대, 대대, 여단, 사단, 군단, 야전군, 육군본부, 합참까지 다 근무를 해봤습니다. 지금은 평택으로 내려간 한미연합군사령부에서도 근무를 해봤기 때문에 미군들과 근무한 경험도 있어요. 이렇게 되돌아보니 다양한 근무 경험을 갖고 있네요.

🔲 대령님, 합참은 뭐 하는 곳이죠?

🔳 합참은 합동참모본부라고 부르는데 육군본부는 육군만 지휘하고 해군본부는 해군만 지휘하는데 합동참모본부는 육군, 해군, 공군, 해병대 등의 전투부대를 모두 작전지휘하는 군 최상위 사령부예요.

바그다드 다국적군사령부에서

폔 어떻게 이렇게 다양한 곳에서 많은 경험을 할 수 있었던 거죠?

최 사실은 조금의 용기가 필요해요. 엘리트 코스라는 게 있잖아요. 엘리트 코스를 다 밟아서 진급을 꼭 해야겠다고 욕심을 내면 그 코스만 가는 게 유리하겠죠. 그런데 진급에 조금 불리할 수는 있지만 다양한 경험을 하고 새로운 세상을 보고 싶다면 용기를 내는 거죠. 그런 시도에 겁을 내면 좀 답답하고 재미없는 군 생활이 될 수도 있어요.

폔 다양한 경험을 할 수 있는 선택이 주어진다는 거네요.

최 일정한 계급이 되면 그 시기에 교체되어야 하는 여러 보직 중 본인이 희망하는 우선순위를 받아요. 그런 경우 선택의 기회가 주어지죠. 그때 겁먹지 말고 조금 용기를 내면 돼요.

폔 대령님, 육사는 어떻게 진학하셨어요? 언제 진로를 정하신 거죠?

최 제가 강원도 양양에서 태어났어요. 초등학생 시절에 육군사관학교에 다니는 동네 형님을 보고, 그 순간부터 인생의 목표를 육군사관학교 진학으로 정했어요. 고등학생 시절까지 그 꿈이 한 번도 흔들린 적이 없어요. 고3 때 진학 상담을 위해 희망하는 대학교를 적잖아요. 저는 '1지망 육군사관학교, 2지망 육군사관학교, 3지망 육군사관학교'라고 썼더니 담임 선생님께서 저를 진학 상담에서 빼더라고요. 얘는 그냥 육사를 갈 학생이라고 생각하신 거죠.

편 어떻게 어린 시절의 꿈이 한 번도 안 흔들리죠?

최 그래서 '내가 전생에 군인이었나?', '전생에 군인이 못 되어서 한 맺힌 사람이었나?'라는 생각을 한 적도 있어요.

편 그 정도로 운명적인 꿈이고 목표였던 거네요. 부모님께서는 지지해 주셨나요?

최 한 번도 반대하신 적이 없어요. 저희 아버지가 체질적으로 술을 한 잔만 드셔도 온몸에 반점이 생기고 호흡 곤란이 오는 분인데 제가 육군사관학교 합격 통지서를 받은 날 얼마나 기쁘셨는지 친구들과 술 한 잔을 하셔서 호흡곤란과 전신 홍반이 와서 누우셨어요. 가족 모두 당황했던 기억이 납니다. 누구의 반대 없이 모든 지원을 받을 수 있었던 건 지금 생각해도 정말 감사한 일이에요. 저도 직업군인이 제 운명의 직업이라고 확신했고요.

편 학창 시절에 방황했던 적은 없으신가요?

최 시골에 살면서 부모님의 고생을 다 알고 있었고, 당시에 제가 가고 싶었던 강릉고등학교는 비평준화였기 때문에 경쟁이 정말 치열했어요. 학창 시절에 다른 생각을 할 여지가 없었어요. 아침 7시에 학교 가서 밤 12시까지 공부하고, 하숙집에 들어와서 자율학습을 한 다음에 다시 아침을 맞이하는 생활이었죠. 고3 생활을 빨리 마치고 싶었어요. 어떻게 보면 워낙 어렸을 때 확고한 목표를 세웠기 때문에 방황할 틈이 없었던 거 같아요. 공부가 힘들 땐 제 꿈인 군대 관련 책들을 읽었던 기억이 나네요.

편 고등학교 때부터 하숙 생활을 하셨다면 중학교까지만 부모님과 같이 생활하셨던 거네요.

최 양양에서 태어나서 자랐고, 강릉으로 유학을 가서 고등학교를 다녔어요. 어머니가 지금도 가슴 아파하시는 게 그거예요. 고1 때 하숙을 시작해서 고등학교 3년, 사관학교 4년, 군 생활 30년이니까 제 인생의 5분의 3은 사실 혼자 산 거죠. 어머님이 "내가 너희들을 제대로 키워본 적이 없다. 너희 스스로 컸다."라고 표현하시더라고요.

편 출간 제안을 받고 어떤 생각을 하셨나요?

최 군대에서 전역한 후 책을 한 권 써야겠다는 목표가 제 버킷 리스트에 있어요. 출간 제안을 받고 아직 이른 것 같아 많이 고민했는데, 제가 군 생활하면서 느끼는 것 중에 하나가 뭘 하고 싶은데 아직은 준비가 덜 된 것 같아 머뭇거리고 있을 때 어쩔 수 없이 떠밀려서 하는 일들이 정말 중요한 마디가 되더라고요. 그런 기회가 진짜 중요한 기회를 만드는 발판이 되고요. 준비가 좀 덜 되어 있지만 이렇게 한번 해내면 그다음에는 내 힘으로 할 수 있는 능력이 좀 더 빠르게 생기더라고요. '아직은 좀 이른 것 같지만 출간 제안도 운명인가 보다. 2~3년 정도 앞당겨서 이 일을 하라는 기회인가 보다.'라고 생각했어요. 조금 부담스럽지만, 지금까지의 모든 것처럼 부족함이 있더라도 한번 해 보자라는 생각이 들었습니다.

圈 대령님, 여기까지만 인터뷰했는데도 제 마음이 좀 벅차네요. 사실은 저야말로 대령님을 만나기 전에 좀 부담스럽더라고요. 딱딱하실 거 같고, 완벽하실 거 같아서 긴장되었어요. 이 책을 읽는 청소년들이 아마 도서관 등을 통해서 대령님께 강의를 요청할 수도 있을 텐데요. 직접 만나면 다들 놀랄 거예요. 대령님 너무 푸근하시고 말씀도 편하게 해 주셔서 이웃집 토토로처럼 편하고 따뜻하시네요.

圈 잡프러포즈 시리즈는 중고등학생들이 많이 보는 책이거든요. 우리 학생들에게 이 직업을 프러포즈하는 이유가 있나요?

圈 이런 책이 필요하다는 생각을 했어요. 사실 직업군인이 군대

와 관련된 책을 쓰는 게 조심스러운 것도 사실이에요. 그런데 우리 학생들 특히 군에 관심이 있는 학생들에게 올바른 정보를 줄 수 있는 기회가 될 것 같았어요. 그래서 좀 부담스럽지만 해 보자는 용기를 냈습니다.

📗 직업군인에 관심이 있는 학생들에게도 좋은 기회가 될 것 같고, 저처럼 아들을 키우는 부모님들에게도 유익한 책이 될 것 같습니다. 사실 저는 11세 아들을 보면서 벌써부터 '쟤를 어떻게 군대에 보내지?'라는 걱정을 시작했습니다. 대령님과 대화하면서 군대 그리고 직업군인에 대해 정말 제대로 공부해 보겠습니다. 잘 부탁드립니다.

📗 거짓이나 축소, 과장 없이 사실대로 최선을 다해 말씀드리겠습니다.

군대에 대한
모든 것

군대와 용병, 민병대는 어떻게 다른가요?

편 군대와 용병, 민병대는 어떻게 다른가요?

최 군대는 국가의 기관입니다. 그러니까 군대냐 아니냐를 구분하는 기준은 지휘 체계, 군사력, 국가기관 이 세 가지가 핵심이에요. 용병은 국가기관이 아니잖아요. 민병대나 해적도 마찬가지고요. 국가기관이 아니기 때문에 군대가 아닙니다. 일반적으로 우리가 군대라고 부르는 건 육군, 공군, 해군 그리고 해병대를 독립적으로 볼 때 해병대까지 포함한 정규군을 군대라고 부르고 있습니다.

편 외국도 다 똑같아요?

최 네. 일반적인 개념이에요. 국제법상에 군대의 정의가 명시된 건 아니에요. 일반적, 학술적인 개념으로 정리가 되어 있는데, 다만 국제법상으로 전시에 제네바 협정이 적용되려면 몇 가지 조건이 있어요.

1. 국가의 통제 하에 있어야 한다.
2. 책임자에 의해서 지휘가 되어야 한다.

3. 멀리서 봤을 때에도 군인이라고 알아볼 수 있는 표지가 있어야 한다. (즉 유니폼 등을 입어서 누가 봐도 알 수 있어야 한다는 거죠. 군인인지 민간인인지 모르는 조직은 군대가 아니라는 거예요.)

4. 눈에 보이도록 명확하게 무기를 휴대하고 있어야 한다. (무기를 숨기고 있으면 군인인지 아닌지 알 수 없잖아요.)

5. 전쟁 법규를 지킬 수 있어야 한다.

다시 요약해 보면 군대란 국가가 통제하면서 지휘관이 있어야 하고, 민간인과 달리 군복을 입어서 누구든지 저 사람은 군인이라고 알아야 합니다. 눈에 보이는 곳에 무기를 휴대하고 '저 사람은 군복을 입고 무기를 들었으니까 군인이구나.'라고 누구나 식별할 수 있어야 합니다. 그리고 마지막으로 전쟁 법규를 지킬 의지와 능력이 있는 조직을 군대라고 부릅니다.

편 뉴스를 보면 무슨 반군, 무장군, 민병대 같은 용어도 많이 나와서 군대에 대한 정확한 개념이 알고 싶었습니다.

최 그런 조직도 전투조직이기는 하지만 군대라고 부르지는 않습니다. 테러 조직, 테러 단체, 반군 이런 식으로 부르죠.

군대의 역사는 어떻게 되나요?

[편] 군대의 역사는 어떻게 되나요?

[최] 학술적으로는 기원전 2,000년 전 아시리아에서 최초로 의무
병제가 생겼다는 기록이 있어요. 그런데 사실 그전에 군대가 없었
겠어요? 아시리아 이전에도 부족 간의 전투가 있었고 영토를 뺏고
빼앗기는 싸움이 수없이 있었을 거예요. 아마 인류 역사가 시작된
때부터 군대는 있었겠죠. 두 명이 서로 싸우면 둘 다 군대예요. 세
명이 있을 때 둘이 편먹고 한 명하고 싸워도 양쪽이 군대죠. a, b,
c 세 명 중에 a, b가 싸워야 되는데 b가 힘이 약해서 c한테 대신 싸
워달라고 하면 c가 b의 군대가 되는 거고요. 그러니까 군대는 인류
역사와 동시에 생겼다고 보는 게 맞는 거 같아요. 과거 농경사회에
서는 갑자기 외부에서 쳐들어오면 농사짓는 사람들이 삽이나 농기
구를 들고 나가서 싸우잖아요. 그 사람들이 군대가 되는 거죠. 군대
라는 별도의 조직이 갖춰져 있지는 않지만 과거에는 아마 대부분
의 남자들이 군인이었을 거예요. 제가 보기에 군대라는 직업은 인
류 역사와 동시에 생겨난 가장 오래된 직업인 거 같아요.

편 앞에서 군대는 국제법상의 법규를 지켜야 한다고 말씀해 주셨는데요, 현대적인 개념의 군대가 우리나라에 생긴 건 언제인가요?

최 근대식 군대는 우리가 최초의 신식 군대라고 불렀던 조선말의 별기군이 시작인 거 같아요. 오늘날의 군대와 가장 유사한 형태를 가진 건 대한제국의 대한제국군인데, 일제에 의해서 강제 해산이 됐고, 많은 분들이 이후 의병이 되셨어요. 드라마 〈미스터 선샤인〉에 나온 대로 일본군들이 조선에 들어와서 의병 토벌 작전을 많이 하니까 중국 쪽으로 이동해서 활동을 하는데 그분들을 독립군이라고 불렀어요. 그분들 중에 일부가 대한민국 임시정부와 연결되면서 광복군이라는 걸 만들었고요. 그 광복군을 창설할 때 그분들이 말씀하신 게 "우리 대한광복군의 창설일은 오늘이 아니다. 대한제국 군대가 일본 놈들에 의해서 강제로 해산된 날이 우리 군의 창설 기념일이다."라고 말씀하세요.

편 인터뷰를 하는 오늘이 10월 1일 국군의 날인데, 오늘이 국군 창설일인가요?

최 편집장님처럼 국군의 날을 국군 창설일로 아는 분들이 많더라고요. 대한민국 군대는 10월 1일 날 창설되지 않았어요. 역사적으로 보면 육군의 경우 1946년 1월 15일, 지금 육군사관학교가 있는 태릉에서 국방경비대 1연대가 창설되었어요. 지금 국군의 날은 국군의 생일이 아니고 국군이 용감하게 싸워서 6.25 때 38선을 돌파한 날입니다. 아! 군대의 역사 말씀하시니까 생각난 김에 한마디 더하면, 얼마 전부터 태릉에 있는 육군사관학교 자리를 옮기고 그곳에 아파트를 짓자고 하는 분들이 있더라고요. 그런데 그분들은 그 자리가 '대한민국 육군'이 태어난 곳인지는 아는지 모르겠어요. 수백 년 전 돌아가신 조상님이 사셨던 고택은 문화재로 보존하면서 일국의 군대가 창설된 역사적인 지역은 다 밀어버리고 아파트를 짓겠다는 발상을 저는 개인적으로 이해할 수가 없어요. 물론 현재의 육군사관학교 자리가 우리 육군의 창설지인지도 모르는 육군 장병들이 적지 않은 것도 답답하고요.

우리나라 군대 조직은 언제 정비된 거예요?

📖 지금 대령님과 대화를 하다 보니까 궁금한 게 있는데요. 일제에 의해서 군대가 해산되고, 일본이 2차 세계대전에서 패하고 얼마되지 않아 우리나라에서 6.25 전쟁이 터지잖아요. 그 짧은 기간에 우리나라에서 군대 조직을 정비할 수 있었나요?

🎖 우리 역사에서 애국가에 나오는 표현처럼 '하느님이 보우하신' 경우가 몇 번 있는데 그중 하나였을 겁니다. 군대를 조직하고 정비할 충분한 시간이 없었죠.

📖 그럼 6.25는 누가 싸운 거예요?

🎖 대한제국 군대가 강제로 해산되고 그다음부터는 일제강점기니까 우리나라 땅에는 우리 군대가 없었어요. 그냥 일본군이 들어와 있었죠. 그런데 중국 쪽에는 우리나라 독립군과 광복군이 있었던 거예요. 1945년에 해방이 되면서 외국에서 활동하던 광복군, 만주군 출신, 중국군 출신, 일본군에 학도병으로 징집됐던 분들이 "나라를 세우려면 군대가 있어야 한다."라고 주축이 돼서 군대를 만든 거예요. 대한민국이 이제 겨우 군대의 모양을 갖추고 있을

때 북한에서 남침을 한 거예요. 북한 군대는 팔로군이라고 해서 중국 공산당이 지휘를 하던 조선인들로 구성된 부대가 있었는데 그 부대가 그대로 들어와서 사람들을 모아 확장하면서 거대한 군대로 만들어진 거죠.

편 군사력이 비교가 안 됐겠네요.

최 당연하죠. 북한은 실전 경험이 풍부한 기존의 부대가 들어와서 전투원을 늘렸고, 소련으로부터 전차 등의 무기를 받아서 그대로 군대가 된 거예요. 우리는 광복군, 일본군의 징집병, 만주군, 중국군 출신들이 모여서 얼기설기 군대를 만들어 가는 과정이었죠. 시작은 완전히 달랐어요.

편 전혀 몰랐어요. 대한민국이 최악으로 열악했던 상황에서 전쟁이 났던 거네요.

최 그때 우리가 공산화가 안된 것은 하늘이 도운 거예요. 그리고 그 열악한 상황에서도 목숨 걸고 나라를 지키겠다고 싸웠던 선배님들이 계셨던 것도 축복이고요.

편 제가 오늘 많이 배우네요.

군대는 어떤 일을 하나요?

편 군대는 어떤 일을 하나요? 전쟁이 나면 전투하는 곳이고, 전쟁이 없을 때는 어떤 일을 하나요?

최 군대는 국가와 국민을 보호하기 위해서 물리적, 폭력 수단을 합법적으로 독점하는 조직입니다. 국가와 국민을 보호하기 위해서 폭력 수단, 그러니까 무장력을 합법적으로 독점하고 있어요. 대한민국에서 일정한 규모 이상의 무장력을 합법적으로 가질 수 있는 유일한 조직이 군대입니다.

편 다른 데는 가질 수 없다는 거네요.

최 그렇죠. 그런데 그 목적이 국가와 국민을 보호하기 위한 겁니다. 헌법과 국내법, 국제법을 준수하는 범위 내에서 국가와 국민을 보호하는 활동이 우리 군대가 하는 가장 중요하고 막중한 일이죠.

편 군대가 있어서 전쟁이 나는 거 아니냐고 주장하는 사람들도 있어요.

최 일부 군대를 비난하는 사람들이 군대가 있어서 전쟁이나 살육이 계속 발생하는 거 아니냐며 매도를 하는 경우도 있어요. 이건 마치 경찰이 있으니까 강도가 범죄를 일으키는 것 아니냐는 것과 같은 논리죠. 사실은 전쟁을 가장 싫어하는 조직과 사람들이 군대와 군인입니다. 왜냐하면 그 첫 번째 희생자가 본인들이잖아요. 만약 전쟁이 나면 군인이니까 상대방을 죽여야 하고, 반대편 적의 입장에서 보면 내가 바로 죽여야 될 1순위 대상이고요. 전쟁과 살육을 가장 두려워하고 싫어하는 사람들이 군인이에요. 지금까지 역사를 돌이켜보면 군인에 의해서 전쟁이 발생하는 경우는 많지 않아요. 정치인들이 전쟁을 결정해요. 그래서 유명한 말도 있잖아요.

"음습한 곳에서 노인들이 전쟁을 결정하고 그 대가는 젊은이들이 전쟁터에서 피로 치른다."

현실적으로 군대는 자기 자신과 국민, 국가를 보호하기 위한 목적이 있을 때 합법적인 방법과 수단을 통해서 누군가를 죽이고 파괴하는 행위를 합니다. 그런데 그보다 더 중요한 군대의 역할이 있어요.

편 싸우는 거 말고요?

최 네. 바로 싸우지 않게 하는 거예요. 전쟁이 일어나지 않게 하는 게 군대가 해야 할 가장 중요한 일이에요. 제가 가끔 읽는 하상욱 시인의 글 중에 이런 구절이 있어요.

"남이 하는 일이 쉬워 보인다면 그건 그 사람이 잘하고 있기 때문이다."

전 세계 사람들이 우리나라에 와서 놀란다고 하잖아요. 북한이 코앞에서 핵실험을 하고 미사일을 쏘는데 대한민국 사람들은 어떻게 저렇게 태평하게 지내냐고 한대요. 대한민국 군대와 군인들이 보이지 않는 곳에서 자기가 해야 할 일을 잘하고 있기 때문에 우리 국민이 그걸 믿고 걱정하지 않는 거예요.

편 국가의 군사력이 공기처럼 우리를 둘러싸고 있는 거네요.

최 누군가 지금 이 시간에도 낮과 밤을 가리지 않고 전쟁이 나지 않게 열심히 일하고 있는 거죠. 그게 너무 당연한 거라서 우리가 공기처럼 자연스럽게 느끼는 거죠. 『1984』, 『동물농장』의 저자인 조지 오웰은 스페인 내전에 직접 참전했어요. 원래 군인은 아니지만 자기의 사상적 신념에 따라서 참전했는데, 이 사람이 이런 말을 했어요.

"우리가 밤에 편히 잘 수 있는 것은 우리에게 해를 끼치는 자들이 언제나 준비 중인 것처럼 우리의 병사들도 항상 그들을 대비하고 있기 때문이다."

밤에 군인들이 잠을 못 자고 총을 든 채 적진을 노려보면서 대치한다는 것을 경험했기 때문에 이런 말을 할 수 있는 거겠죠.

국가를 지킨다는 건 어떻게 하는 건가요?

편 국가를 지킨다는 건 어떻게 하는 건가요?

최 저는 전쟁에서 이기는 것보다 더 중요한 게 전쟁이 나지 않게 하는 거라고 생각해요. 전쟁이 나지 않게 하는 것. 바로 이게 군대에서 하는 가장 큰일이자 군대의 존재 이유라고 생각해요. 6.25가 끝나고 한 70년 지났잖아요. 우리가 북한과 직접적으로 대규모 전투를 한 적은 거의 없어요. 그동안 군인들은 뭘 하고 있었을까요? 방금 말씀드렸지만 전쟁이 나지 않도록 보이지 않는 곳에서 불철주야 경계를 하고 있었지요. 그리고 태풍이 와서 침수되고 큰 피해가 생길 때마다 항상 TV에 나오는 영상 기억나시나요?

편 젊은 사람들이 복구에 투입되는 장면이요.

최 그 젊은 사람들이 누구예요?

편 대부분 군인인가요?

최 네. 대부분 군인이에요. 요즘 지방에 젊은 사람들이 별로 없잖아요. 단시간 내에 누군가가 가서 빨리 복구를 해야 돼요. 빨리 물을 퍼내고 벼를 세우지 않으면 하루 이틀 만에 다 죽어버리거든요. 그런 위기 상황이 왔을 때 가장 빠른 시간 내에 반응할 수 있는 조직이 군대예요.

편 그게 군대의 공식적인 역할로 명시되어 있나요?

최 정부와 국민을 지원하도록 평시에 군대의 임무로 명시되어 있습니다. 여러분이 생각하는 것보다 군대의 역할은 여러분 가까이에 있습니다. 너무 쉽게 볼 수 있다 보니까 공기처럼 당연하다고 생각하지만 비상 상황이 발생했을 때는 그 존재감을 느끼는 거예요. 요즘 백신을 수송할 때도 군인들이 고생하죠. 더운 날씨에도 무장하고 백신을 수송하고, 전방 지역에 구제역이나 조류 독감이 발생하면 그 수많은 검문소의 소독 업무에도 군인들이 투입돼요. 일반 공무원들로 충당이 안 되거든요. 그 지역에 있는 군인들이 나가서 방역복을 착용하고 소독해요. 군대는 잘 안 보이는 곳에서 정말 많은 일을 합니다.

편 대령님 말씀을 들어보니까 군대가 없으면 국가가 유지되는 게 정말 어려울 것 같네요.

군대가 없는 국가도 있나요?

편 군대가 없는 국가도 있나요?

최 제가 알기로는 중남미의 코스타리카에 군대가 없어요. 아마 세계에서 군대가 없는 유일한 나라일 거예요. 코스타리카는 이해 관계가 충돌되어서 경쟁을 해야 할 주변 국가들이 없어요. 또 미국과 아주 가까이 있어서 코스타리카를 위협하는 것은 세계 최강국인 미국이 용납하지 않으니까 굳이 자국 군대를 유지해야 할 필요가 없을 겁니다. 코스타리카는 영토 크기도 작고 자타 공인 미국 영향권이라고 생각하니까 굳이 군대가 필요 없다고 생각하는 것 같아요.

편 주적이라는 말을 들은 적이 있어요.

최 뉴스에 주적 논쟁이라는 말이 나오는데 어쩌다 보니 주적이라는 용어가 민감한 단어가 되어버렸어요. 정치적으로는 남북 간에 대화도 해야 하는데 주적이라고 명시해 놓는 것이 부담스러운 것 같은데, 군대와 군인의 입장에서는 당연히 북한이 우리의 주적입니다. 주적이라면 우리에게 제일 큰 위협이 되고, 제1순위로 경계를 해야 되는 적을 말해요. 그다음에는 가상적이라고 합니다. 당장 직접적인 위협은 안 되지만 지금도 간접적으로 영향을 미치고 있고, 앞으로는 직접적인 위협이 될 수도 있는 세력을 가상 적국, 잠재적인 적국이라고 표현하기도 합니다. 미국처럼 엄청난 국방력을 가지고 있는 나라는 굳이 주적이라고 꼽을 필요도 없이 모든 위협에 대비하면 되지만 우리나라는 돈과 인력 등이 한정되어 있으니 가장 위협이 되는 대상에게 집중을 해야겠지요. 그래서 우리가 가장 집중해야 되는 적을 주적이라고 표현합니다.

편 요즘 사람들 보니까 중국을 되게 싫어하더라고요.

최 최근 몇 년 사이 워낙 미운 짓을 많이 하잖아요. 잠재적 위협이 되는 가상적이라고 볼 수 있었는데 예전에 비해서 점점 노골적인 위협을 하니 국민들도 체감을 하는 거죠. 중국이 지금 우리나라에 대해 군사, 경제, 문화적으로 일종의 침범 행위를 한다고 느끼니까 대비 우선순위가 점점 올라가고 있는 거예요.

군대가 왜 필요한지 구체적으로 알려 주세요.

편 군대가 왜 필요한지 좀 더 구체적으로 들어가 볼까요?

최 앞에서도 설명했지만 한 가지 예를 들어서 말씀드릴게요. 미국이 군대를 해체한 적이 있어요. 미국 의회에서 군대를 해체하라고 해서 한 80명 남기고 군대 자체를 해체한 거죠. 그게 언제였냐면 미국이 영국과의 독립 전쟁에서 승리하고 기쁨을 만끽하고 있던 1784년 6월이었죠. 미국 의회가 상비군을 철폐하라고 해요. 당시 내용을 보면,

"신생 미국 공화국 정부의 존재 이유와 목적에 상비군은 부합되지 않는다. 왜냐하면 미국을 건국한 사람들이 대부분 영국이나 유럽의 왕정으로부터 탈출해서 공화국을 만들었는데, 공화국의 정신에 상비군을 유지하는 것은 맞지 않다. 두 번째는 군대가 있으면 국민의 자유에 위협이 된다. (왜냐하면 유럽에 있을 때 왕과 황제의 군대가 종교 등의 이유로 국민들을 탄압하고 죽이는 게 많았거든요. 군대가 있으면 국민에게 위협이 된다는 거죠.) 마지막으로 어떤 독재자가 나타났을 때 그 독재자가 가장 먼저 장악하려는 수단이 군대다. 결국 가장 좋은 방법은 군대를 없애는 거다."

이런 이유로 군대를 없앱니다. 대신 전쟁 때 사용했던 무기, 탄약 같은 게 많이 남아 있으니 유사시에 대비해서 딱 두 군데 기지를 남겨놓고요. 피트 요새Fort Pitt, 지금 미국 육군사관학교가 있는 웨스트 포인트 요새West Point 이렇게 두 군데요. 이 두 군데를 경비할 수 있는 병력 80명과 병사들을 지휘할 수 있는 소수의 장교만 남겨놨는데, 이때 가장 계급이 높았던 사람이 육군 대위였습니다. 육군 대위 한 명이 미국 군대 전 병력인 80여 명을 지휘하는 그런 시대였던 거죠. 이때가 독립전쟁이 끝나고 미국 동부에서 서부로 사람들이 이동하던 시대였거든요. 그런데 가다 보니까 인디언들과 충돌이 생기는 거예요. 원주민들 입장에서는 침범을 받았으니 당연히 마찰이 생기죠. 미국 동부에서 서부로 이전하는 사람들이 인디언들에게 죽임을 당하니까 두 달 뒤에 미국 의회가 상비군 대신 중령 한 명을 지휘관으로 임명해서 민병대를 만들어요. 이 민병대 연대가 인디언들과 싸우는데 거의 전멸합니다. 왜냐하면 평상시에 훈련이 안 돼 있잖아요. 독립전쟁에 참전했다고 해도 그 사람들이 제대로 된 지휘 체계나 무기, 지원 없이 싸우다 보니 참극이 벌어지는 거죠. 그래서 결국 미국이 상비군을 다시 만듭니다.

편 그런 역사가 있었군요.

최 오늘날 미국 군대의 규모나 위상을 생각해 보면 상상도 할 수 없는 일인데, 미국 역사에도 그런 일이 있었어요. 위와 같은 역사적인 사실이 군대가 왜 필요한지 보여주는 중요한 예라고 생각합니다. 그 이후에 미국 군대가 커졌고 지금은 전 세계 최강국이 된 거예요. 미국에 군대가 있을 때와 없을 때를 비교해 보면 왜 군대가 필요한지 알 수 있어요.

여군은 언제 생겼나요?

편. 여군은 언제 생겼나요?

최. 제가 어떤 책을 보니까 미국도 제2차 세계대전 직전까지 여자는 군대에 적합하지 않은 사람이라는 고정관념이 강했더라고요. 여자가 입대하는 것에 부정적이었고요. 미군의 공식적인 여군 창설 시기가 우리나라와 별 차이가 없어요. 우리나라는 공식적으로 1950년 9월 6일에 여군 의용대가 창설됐죠. 그런데 사실 1948년 8월에 우리 간호장교 30여 명이 소위로 임관을 했어요. 이분들이 우리나라 최초의 여군이자 여군 장교예요.

편. 우리나라 군대에서 여군의 비율은 어떻게 되나요?

최. 현재 우리 군에서 장교, 부사관이 조금 다르지만 여군의 비율이 7퍼센트 정도 되는 것 같아요. 미군의 경우 여군 병사가 있기 때문에 15~17퍼센트 정도 되는데 우리나라의 여군은 병사가 없고 부사관부터 장교만 있다 보니까 비율이 낮죠.

여군의 역할이 따로 있나요?

편 여군의 역할은 어떻게 되나요?

최 미군과 이스라엘군도 그렇고 다른 선진국 군대도 마찬가지인데 과거에 여군들은 행정, 교육 등 후방 부대에서 지원 역할을 주로 했어요. 과거에는 사실 배도 못 타게 했거든요. 미군의 경우는 배 한번 타면 1년씩 나가서 귀국하지 못했고, 더구나 물속에 들어가는 잠수함은 생각하지도 못할 여건이었죠. 그런데 지금은 그런 제한이 거의 다 없어졌습니다. 현재는 미군 군함이나 잠수함에 여군이 탑승해요. 우리 군도 얼마 전까지는 전차나 장갑차, 포병 쪽으로는 여군을 뽑지 않았어요. 전차를 예로 들면 그 안에 딱 서너 명 타거든요. 어떤 상황에서는 생리 현상도 해결해야 하고, 전차에 포탄을 40~50발씩 실어야 해요. 한 발에 30kg 가까이 되는 걸 서너 명이 다 날라야 하죠. 만약 여군 한 명이 힘이나 체력이 부족해서 그걸 못하면 나머지 두세 명이 다 해야 되는 거니까 팀워크가 좋을 수 없어요. 그리고 전투 시에 전차가 튼튼해서 안전할 것 같지만 전차를 탄 상태로 전사하는 사람들은 주로 불이 나거나 안에서 폭발이 생겨서 죽기 때문에 참혹해요. 기갑 등 특정한 병과의 경우 이런 인도

적인 이유로 여군의 지원을 제한했었죠. 그런데 이제는 거의 다 없어졌습니다. 우리나라 특전사에 여군이 많아요. 일정한 기준을 정해놓고 남자와 여자 차별 없이 그 기준을 통과하면 부대원이 될 수 있다고 정해놓고 있습니다. 물리적으로 여자가 갈 수 없는 병과는 거의 없습니다. 전 세계적인 추세가 그래요.

편 역할 차이가 없네요.

최 이스라엘군도 과거에는 여군을 주로 교육 훈련, 교관, 조교 역할에 투입했다가 요즘은 국경수비대에서 직접 전투에 참전을 하는 등 역할이 확대되고 있어요. 우리 육군의 경우에도 부사관, 장교 지원자 현황을 보면 여군 지원자들이 훨씬 경쟁률이 높고 능력도 우수한 경우가 많습니다.

여군은 얼마나 뽑나요?

편 뽑는 인원은 어떤가요?

최 숫자가 적어요. 숫자가 적다 보니 지원자들의 질적 수준이 훨씬 높아요. 경쟁률도 세고요. 어떨 때 보면 여군을 더 뽑아야 되는 게 아닌가라는 생각까지 들 정도로 우수한 인력들이 군에 지원하고 있죠. 우리 군대는 지난 70년간 남군, 여군이 따로 생활하고 시설이나 장비 등이 절대 다수인 남군 위주로 되어 있는 게 사실이에요. 그런데 몇 년 전부터는 대부분의 병영 시설을 현대화하고 있어요. 여군들도 같이 생활할 수 있는 공간을 만들고요. 아직은 시설면에서 부족하겠지만 그럼에도 불구하고 저는 능력 있고 의지가 강한 여자들에게 군대는 블루오션이라고 생각합니다. 일단 리더십을 키울 수 있고 다른 여자들이 경험하지 못한 악조건이나 극한 상황을 경험해 볼 수 있어요. 어디에서 어떤 일을 해도 잘 적응할 거예요. 군에 있든 나중에 군을 떠나서 사회로 진출을 하던 의지와 능력이 있는 여자들은 군에 도전해 보면 인생에 큰 도움이 될 거예요. 저는 여군을 블루오션이라고 전망합니다.

편 직업군인을 뽑을 때 남자, 여자 인원수가 따로 있나요?

최 네. 육군의 경우는 따로 선발하고 있어요. 제가 최신 현황을 확인했더니 우리나라 육군 중 여군이 만 명 정도 됩니다. 장교의 경우는 여군을 몇 명이라고 정해놓지는 않아요. 육사는 생도를 1년에 300여 명 정도 뽑는데 그중에 10~15퍼센트가 여군이고, 3사관학교는 일 년에 500여 명을 뽑는데 비슷한 비율로 뽑아요. 300명을 뽑는데 여생도를 10퍼센트 뽑는다고 공고하면 30명은 여자인 거예요.

편 여군의 비율을 정해놓고 뽑는 거라면 여자들은 여자들끼리 경쟁하는 거네요. 성별로 따로 모집을 해서 그 안에서 각자 경쟁하는 시스템으로 이해하겠습니다.

최 부사관의 경우 1년에 만 명 정도 뽑아요. 일단 전문하사와 현역부사관 약 6,000여 명과 특전부사관 등 특수 특기를 제외하고 약 2,000여 명을 민간에서 선발하는데 이 중에 남군을 1,700여 명, 여군을 약 300여 명 뽑습니다.

군대의 계급 체계를 알려 주세요.

편 부사관, 장교 등 군대의 다양한 계급이 나오는데요. 체계적으로 설명해 주세요.

최 우리가 병사라고 부르는 이병, 일병, 상병, 병장이 있어요. 그 사람들보다 조금 높은 직업군인을 부사관이라고 부르는데 부사관은 하사, 중사, 상사, 원사 계급으로 나누어집니다.

그리고 부사관과 장교 사이에 준사관이라고 있어요. 준사관은 노란색 소위 계급장을 달고 있는데 대부분 부사관으로 오래 근무하다가 그 분야에 전문성을 인정받은 분들이 시험을 통해 선발됩니다. 일부 민간인 중 선발하는 경우도 있고요. 탄약, 정비, 헬기 조종 등 그 분야의 특별한 전문 기술을 갖고 있어서 오랜 기간 동안 근무해야 하는 분들이 준사관이라고 생각하면 됩니다. 그다음 소위부터 장교라고 불러요. 소위, 중위, 대위, 그다음에 소령, 중령, 대령, 그다음에 장군 이렇게 정리됩니다.

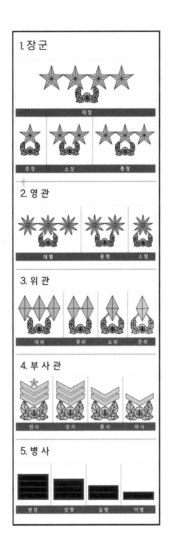

군대 계급장

임관한다는 게 무슨 뜻인가요?

편, 임관한다는 게 무슨 뜻인가요?

최, 사관생도나 사관후보생이 장교로 임명된다는 의미예요.

편, 그럼 소위부터 임관한다는 표현을 쓰는 건가요?

최, 아니에요. 예전에는 부사관은 임용, 장교는 임관이라는 표현을 사용했는데 요즘은 부사관도 임관이라고 합니다. 내가 고등학생인데 부사관이 되고 싶어서 시험을 보고 선발됐어요. 그러면 일정한 교육을 받아야 돼요. 교육을 받는 동안에는 부사관이 아니고 부사관 후보생이에요. 교육을 다 마치고 정식 하사 계급장을 달게 되면 그날 임관한다고 말합니다. 소위도 마찬가지예요. 제가 육군사관학교를 나와서 4년 동안 학교를 다니는 동안은 사관생도 신분인데, 4년 동안 교육을 마치고 졸업식 하는 날 소위 계급장을 달아주는 임관식을 같이 해요.

편, 계급장을 단다는 게 어떤 의미인가요?

최, 그날부터 정식으로 군인이 되는 거예요.

군대에 대해 어떻게 생각하는 게 바람직할까요?

📮 저 같이 군대에 대해 막연한 공포나 거리감을 갖는 사람들은 앞으로 군대에 대해 어떻게 생각하는 게 바람직할까요?

최 우리나라 국민은 누구나 군대와 연관되어 있어요. 아들, 형제, 친구, 친척이나 남편이 이미 군대에 갔다 왔거나 지금 군대에 가 있는 경우가 많죠. 우리나라가 외국과 다른 게 뭐냐면 군대와 관련된 뉴스는 항상 메인에 떠요. 서울대 법대 출신의 변호사가 밤에 술 먹고 누구랑 싸워서 경찰에 잡혀가면 뉴스에 안 나오는데, 누군지도 모르는 육군 이병이 휴가를 나와서 싸우면 그다음 날 뉴스에 휴가 나온 군인이 민간인하고 싸웠다고 뉴스에 메인으로 나와요. 그 정도로 대한민국 국민은 군대에 관심이 많아요. 그런데 막상 군대에 대해서는 잘 몰라요. 뉴스 기사의 관점에 따라 군대를 비난하거나 불쌍해하죠. 우리 역사에 군대로 인해서 아팠던 경험이 있고, 그 역사를 눈으로 보고 몸으로 체험했던 분들이 지금 우리 사회의 주류이기 때문에 군대에 대해 부정적인 생각을 가지고 있는 것도 충분히 이해를 합니다.

그런데 이런 생각을 해 보면 어떨까요? 이스라엘이 건국될 때 사람이 너무 적어서 전 세계에 흩어져 있던 모든 유대인들에게 이스라엘로 돌아오라고 했어요. 이스라엘에 돌아오면 어떤 조건도 붙이지 않고 이스라엘 시민권을 주겠다고 약속했고, 전 세계에서 뜻을 가진 유대인들이 들어왔죠. 하다못해 에티오피아에 있는 흑인들도 유전자 검사를 해 보니까 유대인이 맞고, 생활 습관도 유대인 습관이 남아 있는 거죠. 결국 어려운 군사 작전을 펼쳐서 에티오피아에 있던 유대인들까지 다 실어 왔어요. 그런데 피는 유대인이지만 오랜 세월 떨어져 살다 보니 사용하는 말도 다르고, 문화도 달라요. 주변이 온통 아랍 국가라 전쟁을 해야 하니까 하나로 묶어야 할 필요가 있잖아요. 제일 중요한 게 언어, 그다음에 유대인 정체성 등 민족의 자긍심이 필요한 거예요. 이스라엘은 그걸 만드는 장으로 군대를 이용해요. 이스라엘은 남자, 여자 구분 없이 전부 다 의무병이에요. 국가를 방어해야 하는 병력이 필요해서 의무병 제도를 도입했지만 이스라엘 군대가 하는 역할 중 하나가 세계 각국에서 모인 다양한 언어와 문화적 배경을 가진 유대인들에게 히브리어를 가르치고 이스라엘 문화를 가르치며 민족정신을 일깨우는 교육을 해요. 군대가 민족 통합을 위한 용광로가 되는 거예요.

가만히 생각해 보면 우리나라가 일제강점기 35년을 거쳤지만, 조선시대 500년 동안 한 민족이었던 적이 없어요. 왜냐하면 양반,

상민, 천민 계급이 있었잖아요. 천민 계급이 많을 때는 조선 백성의 40퍼센트 정도가 천민이었어요. 양반들이 보기에 천민은 같은 민족이었을까요? 자신들과 같은 사람이었을까요? 아니었어요. 사람 취급을 안 했어요. 갑오개혁을 통해서 계급 제도가 철폐됐다고 해도 500년 동안 내려왔던 그 관습이 없어지진 않았을 거예요.

그런데 국군이 창설되고 군에 들어오게 되면서 과거 양반 집 아들, 권력자의 아들, 시골에서 농사짓는 농부의 아들, 돈 많은 집 아들, 가난한 집의 아들 모두 똑같은 군복을 입어요. 똑같은 밥을 먹고, 똑같은 훈련을 받아요. 물론 그동안 돈 많고 권력 있는 사람들의 자식이 요령을 부려서 군대에 안 들어왔다는 비난과 보도가 일부 있었지만 그럼에도 불구하고 군대에 들어오는 순간 모든 신분과 계급의 차별 없이 똑같이 입고 똑같이 먹고 똑같이 자고 똑같이 행동해요.

우리는 이게 너무나 당연하니까 그게 얼마나 큰 역할을 하는지 잘 몰라요. 그런데 군대에 있는 제가 보기에는 500년 동안 내려왔던 계급적 차별과 차이가 단기간 내에 무너질 수 있었던 건 우리나라의 젊은 남자들 대부분이 군대에 가서 똑같은 생활을 했다는 게 가장 큰 이유 중에 하나라고 생각해요.

편 우리 사회에 뿌리 깊은 차별의 관습을 깨고, 통합의 역할을 했다는 말씀이네요.

최 사회적인 통합의 역할을 군대가 하고 있어요. 그리고 국가에서 국민에게 요구하는 기본 소양이 있어요. 예를 들면 심폐소생술을 군대에서 많이 가르치거든요. 요즘 길 가다가 쓰러지는 분들을 심폐소생술로 살리는 고마운 분들이 많잖아요. 소방관 같은 분도 계시지만 일반 시민들이 심폐소생술로 사람을 살려서 어디에서 배웠냐고 물어보면 대부분 군대에서 배웠다고 해요. 그다음에 기본적인 호신술, 안전과 관련된 중요한 사고방식 등을 군대에서 배우고 있는 것 같아요. 이런 국가 통합의 중요한 역할을 군대가 하고 있어요.

군대의 역할 중에 중요한 한 가지가 더 있어요. 우리나라가 참 변화무쌍하잖아요. 이웃 국가들을 보면 그렇게 부정부패가 많고 세습 정치를 해도 국민들이 반응을 안 보이는데, 우리 국민들은 아주 적극적으로 자신들의 주장을 말과 행동으로 표현합니다. 그 이유가 뭘까요? 우리나라 사람들이 원래 자기 의견을 잘 표현하는 사람들일까? 저는 아니라고 생각해요. 우리들은 우리나라에 대한 주인의식이 강해요. 우리나라 남자들은 젊었을 때 정말 황금 같은 몇 년을 본인이 원하지 않았지만 군에 입대해서 청춘을 바쳐야 해요.

눈보라를 헤치며 훈련 중

억울할 수도 있지만 전역하고 나면 나는 국가를 위해서 내 청춘을 바쳤다는 자부심이 생겨요. 나는 대한민국을 위해서 뭔가 한 가지는 해 준 사람이라는 주인의식이 내면에 자리 잡는 거죠.

편 정말 중요한 정체성이에요. 우리나라에 대한 주인의식이 강하다는 말씀에 동감합니다.

최 내가 청춘을 바쳐서 지킨 내 나라, 내가 주인인 대한민국인데 이상한 사람들이 이상한 짓을 하면 들고일어나는 거죠. 왜 저런 사람들이 우리나라를 이상하게 만들지? 당신들이 뭔데 내 청춘을 바친 나라를 이렇게 만들고 있냐고 항의하는 거죠. 예를 들어 내가 돈을 투자해서 주식을 샀는데 그 회사 사장이 이상한 짓을 하면 주주들이 가만히 있겠어요? 같은 이치예요. 저는 이걸 일종의 군에 대한 애증이라고 보는데, 군에 대한 애증 중에 사랑에 해당되는 부분이 국가에 대한 자부심이에요. 그 자부심이 우리나라가 잘못된 방향으로 간다고 판단되면 주인의식으로 발휘되어서 자기 생각을 적극적으로 표현하는 방식으로 나타나는 것 같아요.

개인이 국가를 대상으로 채권 의식을 가질만한 이유가 사실은 없어요. 보통은 개인이 국가를 위해 할 수 있는 건 세금을 잘 납부하는 정도라고 생각하는데, 내 황금 같은 청춘 2년을 국가를 위해서 희생했다면 이것보다 큰 채권 의식이 뭐가 있겠어요? 저는 군대가 대한민국에서 사회의 계급이나 신분 질서를 타파하는 데 큰 역할을 했다고 생각합니다. 그리고 국민들이 국가에 대한 주인의식을 갖게 하는 중요한 원인으로 작용하고 있다고 생각해요.

군대와 군 기관은 어떻게 구성되어 있나요?

편 우리나라 군대와 군 기관이 어떻게 구성되어 있는지 설명 부탁드려요.

최 대한민국 군대는 육군, 해군, 공군, 해병대가 있습니다. 통상 해병대를 해군 예하 조직으로 분류했는데, 우리 해병대가 워낙 멋있기 때문에 이제 육해공군, 해병대 이렇게 표현을 많이 합니다. 사이즈로 보면 육군이 제일 크고 그다음이 해군, 공군, 해병대 순서예요. 이게 육군이 제일 중요하고 해병대가 덜 중요하다는 순서는 아니에요. 전 특전사령관 전인범 장군님께 누군가 "육군이 제일 중요한가요?"라고 질문했는데 그때 대답하신 유명한 말씀이 있어요.

"공군 없이 전쟁할 수 있어도 공군 없이 전쟁에서 이길 수 없다. 해군 없이 전쟁을 할 수는 있지만 전쟁을 오래 할 수 없다. 육군 없이 전쟁을 할 수 있지만 육군 없이 전쟁을 끝낼 수는 없다. 해병대 없이 전쟁을 할 수 있지만 해병대가 없으면 대한민국이 아니다."

대한민국에 육해공군, 해병대가 다 필요하다는 말씀이죠. 하늘과 바다와 땅 각자의 영역에서 자기 역할을 다하고 있는 게 우리나라 육해공군, 해병대의 역할인데, 저는 육군이니까 육군 위주로 말씀드릴게요.

기본적으로 육군은 제일 작은 조직이 분대이고, 분대는 통상적으로 하사가 지휘를 합니다. 병사들까지 포함해서 여덟 명에서 열 명 정도가 분대를 이루어요. 우리나라는 삼각편제라고 하는데 분대 세 개가 모이면 하나의 소대가 돼요. 그 소대를 지휘하는 사람이 소위예요. 분대까지는 하사와 병사들만 있는데, 이 세 개 분대를 모은 소대는 장교인 소위 또는 중위가 지휘를 하는 거죠. 소위보다 한 계급 높은 게 중위거든요. 그리고 소대 세 개를 모아 놓으면 중대가 돼요. 중대는 보통 대위가 중대장으로 지휘하죠. 중대 세 개를 모아 놓으면 대대가 되고, 대대 세 개를 모아 놓으면 여단이 됩니다. 예전에는 연대라고 했는데 요즘은 이름이 바뀌어서 여단이라고 해요. 정리해 보면 분대는 약 열 명, 소대는 보병을 기준으로 약 40명, 중대는 그 세 배에 일부 지원하는 병력이 추가되어서 약 150명, 대대는 약 500명, 여단은 약 2,000명 정도 됩니다. 이 여단 세 개가 모이면 약 8,000명에서 만 명 정도 돼요. 여기에 포병여단이 하나, 각종 지원을 담당하는 직할부대가 포함되면 사단이 됩니다. 즉 세 개 전투여단과 한 개 포병여단, 여러 개의 직할부대가 모이면 만 명 정도 규모의 사단이 되고, 이 부대는 별 두 개인 소장이 지휘합니다. 이런 사단이 세 개 정도 모이면 약 3만 명 정도 되잖아요. 그러면 별 세 개인 군단장이 지휘하는 군단이라고 부릅니다. 많이 복잡하죠?

편 그래도 확실히 알 것 같아요.

최 대한민국에 군단이 여러 개 있습니다. 전방에 있는 군단들을 모아서 지휘하는 사령부를 지상작전사령부라고 하고, 충청도, 경상도, 전라도 쪽까지 후방 지역을 지키는 사령부를 제2작전사령부라고 합니다. 그래서 육군은 큰 사령부가 두 개 있는 거예요. 작전사령부 두 개 밑에 군단, 사단들이 쫙 있는 거죠. 이 두 개 사령부를 지휘하는 곳이 육군본부입니다. 해군, 공군도 기본 개념은 비슷합니다. 공군도 공군본부와 특정사령부가 있고 그 아래 비행 기지들이나 예하부대들이 있어요. 해군도 해군본부와 특정사령부, 동서남해와 제주도에 함대사령부가 있죠. 육해공군본부는 대전 근처에 있는 계룡대라는 곳에 모여 있습니다.

해병대는 해군의 지휘를 받나요?

편 해병대는 해군의 지휘를 받나요?

최 네. 해병대 사령관이 별 세 개고, 해군참모총장이 별 네 개예요. 그래서 해병대의 독립적인 활동은 보장하지만 공식적인 지휘 관계는 해군참모총장 아래 있어요. 유럽의 영국, 네덜란드, 스페인도 해병은 해군의 지휘를 받아요. 그런데 미국은 해병대가 별도로 돼 있어요. 미군은 전 세계적으로 작전 범위가 넓기 때문에 배도 탈 줄 알아야 하고 육지에서 싸울 줄도 알아야 되는 군대가 필요했던 거예요. 그게 해병대예요. 육군을 태워서 가자니 땅에서 싸워야 되는 병사들에게 배 타는 훈련을 언제 시키겠어요? 그러니까 해군에서 평상시 훈련은 땅에서 시키면서 배 타고 내리는 훈련도 수시로 시키는 거죠. 해군에서 운영하는 땅에서 싸우는 군인들이 해병대라고 생각하면 될 것 같아요. 그런데 그 해병대가 워낙 중요하고 규모가 커지다 보니 별도로 분리시켰다고 보면 되겠죠.

합동참모본부는 뭐 하는 곳이에요?

편 합동참모본부는 어떤 일을 하나요?

최 합동참모본부에 합참의장이라는 분이 있는데, 이 분이 군 서열 1위예요. 제일 높아요. 전시에 합동참모본부는 전투부대들의 작전 지휘만 해요. 밥 먹여 주고 옷 주고 무기 사 주고 이런 건 안 해요. 이런 지원은 각 군의 본부가 하죠. 합동참모본부는 각 군의 본부가 군대를 만들어 놓으면 받아서 전쟁만 해요. 요약해서 말씀드리면 육군본부, 해군본부, 공군본부는 쉽게 얘기해서 양병이라고 하는데 군대를 만들고 훈련시키는 역할을 하고 합동참모본부는 각 군 본부에서 만들어진 부대를 배치해서 실제로 전쟁에서 지휘하는 역할만 하는 거예요.

편 그럼 합참 위에는 아무것도 없는 거네요?

최 군대는 거기가 끝이에요. 우리나라 사람들은 대부분 국방부가 그 위라고 생각해요. 어제까지 합참의장 하던 분이 가끔 국방부 장관으로 가니까요. 그런데 미국은 그게 불가능해요. 미국은 전역하고 일정한 시간이 지난 후에 의회의 승인을 받아야만 해요. 전역한

지 얼마 안 된 사람이 국방부 장관을 할 수 없어요. 민간인이 군대를 통제해야 된다고 생각하죠. 우리나라에서도 국방부는 군대 조직이 아니고 명확하게 법적으로 정부 조직이에요. 행정부 조직이죠. 물론 일부 부서에는 현역들이 들어가서 근무해요. 그런데 대부분이 공무원이에요. 엄밀하게 나누면 군인이 근무하는 조직은 합동참모본부까지예요. 국방부는 정부 공무원이 근무하는 곳이죠. 그래서 국방부에 근무하는 군인들은 군복이 아니라 대부분 양복을 입고 근무해요.

군대와 비슷한 역할을 하는 기관, 단체가 있나요?

📝 군대와 비슷한 역할을 하는 기관, 단체, 기업이 있나요?

🔷 제일 비슷한 게 경찰이에요. 제가 앞에서 군대가 합법적으로 무장력을 독점하는 조직이라고 말씀드렸죠. 우리나라는 총을 소지할 수 있는 조직이 군대와 경찰밖에 없어요. 그런데 경찰의 무장력은 군대에 비하면 거의 없는 것과 같아요. 권총과 일부 개인 화기 정도밖에 없으니까요. 어차피 경찰은 국내 치안용 무장이지 외부의 적으로부터 국토를 방어하고 국민을 보호하는 개념은 아니잖아요. 대신 군대와 비슷한 조직으로 용병 얘기가 나오더라고요.

📝 우리나라에도 있나요?

🔷 잘 안 알려져 있지만 용병이 있어요. 미국은 민간군사기업이라고 해서 크게 두 종류로 나눠져요. 예를 들어서 제가 이라크 파병을 나갔을 때 바그다드에 있는 캠프에 있었어요. 우리 용산 기지보다 더 큰 캠프인 빅토리라는 곳이었는데, 한 백만 평 정도 되더라고요. 이라크 바그다드 국제공항을 포함한 지역이었으니까요. 거기에 군인들이 엄청 많은데 밥해 주고 청소해 주고 숙소 관리해 주

바그다드 캠프 빅토리 안에 버려진 이라크군 전차들

이라크 아르빌에서 쿠르드족 병사들과 함께

는 역할을 현역들이 안 해요. KBR이라고 계약을 통해 위탁을 받은 기업에서 다 합니다. 군인들은 그냥 전투만 해요. 민간군사기업 중에 이런 종류의 군사기업이 하나가 있고, 또 하나는 한동안 악명을 떨쳤던 블랙워터라고 군 작전을 대신하는 우리가 생각하는 용병이 있죠. 이 친구들은 대부분 군 출신, 특수부대 출신인데 헬기도 있고 장갑차도 있어요. 제가 이라크에 있을 때 캠프 한 쪽에 가면 용병부대원들이 있었어요. 군이 직접적으로 투입되어서 작전을 하기에는 좀 예민한 사안들이 있어요. 그럴 때 그런 조직을 시켜서 군에서 해야 할 전투를 대신하게 하는 거죠.

이런 민간군사기업이 우리나라에도 있어요. 소말리아 근처 아덴만을 통과할 때 해적들이 많잖아요. 방어를 해야 하니까 특수부대 출신 등의 사람들이 용병부대를 만들어서 배를 보호해 주죠. 또 외국 용병 회사에 취업하는 경우도 있어요. 하지만 군대와 유사하다고 할 수는 없죠. 하는 일은 비슷하지만 철저하게 국가와 군대의 통제 하에 경제적 이익을 대가로 특수한 상황에서만 일을 하니까요. 대부분 규모도 크지 않고요. 앞으로도 지금보다 더 성장할 수 있을지는 확신할 수 없지만 그렇다고 완전히 없어지지도 않을 거예요.

군대를 소재로 하는 좋은 작품 추천해 주세요.

편 군대나 직업군인을 소재로 하는 작품들이 많은데 대령님께서 가장 감명 깊게 본 작품은 어떤 건가요?

최 제가 제일 감명 깊게 본 영화는 〈라이언 일병 구하기〉예요. 전체적인 줄거리도 감동적이지만 무엇보다 영화 앞부분의 5분에서 10분 정도 되는 전투 장면을 보다가 너무 적나라해서 토할 뻔했거든요. 저는 그 영화를 보면서 스티븐 스필버그 감독이 전투 장면을 저렇게까지 사실적으로 참혹하게 찍은 건 전쟁은 절대로 일어나서는 안 된다는 메시지를 전 세계 사람들에게 전하려고 한 게 아닐까 생각했어요. 그다음에는 제가 장교이기 때문에 군의 리더십을 보여주는 〈위 워 솔저스〉, 〈밴드 오브 브라더스〉 같은 드라마 시리즈를 주기적으로 봅니다. 러닝머신 위에서 운동할 때 틀어놓고 보는데, 볼 때마다 느끼는 교훈이나 감정이 매번 달라요. 상황과 시기, 제 계급에 따라서 다르게 보이더라고요.

우리나라의 군대는 세계에서 어느 정도 위상인가요?

편 우리나라의 군대는 세계에서 어떤 위상을 갖고 있나요?

최 규모로 봤을 때는 엄청 큰 편이에요. 얼마 전에 영국의 군사문제연구소에서 전 세계 군사력 순위를 발표했는데 우리나라는 6위였습니다. 우리나라보다 군사력 우위에 있는 나라가 미국, 러시아, 중국, 인도예요.

편 인구 규모로 봤을 때 엄청난 대국들이네요.

최 그다음이 일본이고요.

편 일본이 우리나라보다 군사력이 우수한가요?

최 일본은 해군력, 공군력이 막강해요. 우리나라와 일본은 5위, 6위를 왔다 갔다 해요. 세계에서 일부 강대국들을 제외하고 그다음 순위가 우리나라예요. 북한은 순위가 어떻게 될 것 같아요?

편 우리나라랑 비슷할 것 같은데요.

최 28위예요. 물론 이 순위는 핵전력을 뺀 재래식 전력만을 갖고 순위를 매긴 거예요. 핵무기를 고려했으면 이렇게 안 나왔겠죠. 재래식 전력 순으로 봤을 때 군사력 수준에서 우리나라가 세계 6위 정도 돼요.

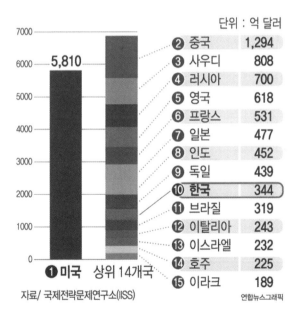

단위 : 억 달러

	순위	국가	금액
	❷	중국	1,294
	❸	사우디	808
	❹	러시아	700
	❺	영국	618
	❻	프랑스	531
	❼	일본	477
	❽	인도	452
	❾	독일	439
	❿	한국	344
	⓫	브라질	319
	⓬	이탈리아	243
	⓭	이스라엘	232
	⓮	호주	225
	⓯	이라크	189

5,810

❶미국   상위 14개국

자료/ 국제전략문제연구소(IISS)

연합뉴스그래픽

세계 각국의 국방비 비교

K21 장갑차 사격 훈련

기계화부대의 행사시 위용

외국 군대와 우리나라 군대의 차이가 있나요?

편 외국 군대와 우리나라 군대의 차이가 있나요?

최 제가 말레이시아 군대와 미국 군대를 경험해 봤는데 전 세계 군대는 어디나 똑같아요. 군인들은 다 똑같은 고민과 불만을 가지고 있고 비슷한 생각을 해요. 국적과 환경에 따라 차이는 있겠지만 군인들은 인간이 본능적으로 하기 싫어하는 일을 억지로 해야 하는 위치에 있잖아요. 더울 때, 추울 때 나가서 훈련해야 하고 자고 싶은데 일어나야 하고 자기 싫은데 억지로 자야 하죠. 전 세계 어느 나라의 군대나 군인들은 큰 차이 없이 거의 비슷해요.

좀 웃긴 얘기지만 군인들은 국적을 불문하고 어떻게 해서든지 잠시라도 군대를 벗어나고 싶어 하죠. 이라크에 있을 때 대형 식당 몇 군데가 기지 안에 있었어요. 아무 때나 가서 먹으면 되는데, 한국에서 새로 온 친구들을 데리고 가면 다들 "에브리데이 빕스"라며 감탄을 해요. 메뉴가 샐러드 바, 빵, 오므라이스, 티본스테이크, 랍스터 등 정말 다양하죠. 디저트 코너에 가면 케이크, 빵, 미국에서 파는 모든 탄산음료와 배스킨라빈스 매장까지 있어요. 거기에서 먹어도 되고 도시락을 싸서 숙소에 가져와서 먹어도 돼요. 얼마나

점심 먹으러 가다가 힐러리 클린턴 국무장관과 찰칵

연합사 시절을 함께한 미군 동료

Job
Propose 45

좋아요. 그런데 미군들은 거기에서 콜라를 안 마시고 조금 걸어가면 나오는 PXPost Exchange에서 사 먹는 거예요. 콜라가 식당 안에 박스째 있는데요. 왜 사 먹냐고 물어보니까 군대 식당에서 먹는 콜라는 맛이 없대요. 돈 주고 PX에서 사 먹는 게 더 맛있다고 하더라고요.

편 진짜 맛이 달라요? 그냥 몇 걸음이라도 벗어나고 싶어서 그런 걸까요?

최 우리나라 병사들이 군대 식당 밥이 맛없다는 거랑 똑같은 거예요. 어떻게 해서든지 군대와 조금이라도 떨어져 있고 싶은 거죠. 모든 나라의 군인들이 똑같아요.

구체적인 업무를 알려 주세요.

직업군인이 하는 구체적인 업무에 대해서 알고 싶어요.

직업군인이라고 하면 일단 부사관과 장교를 이야기하는데, 요즘은 부사관과 장교도 제가 말씀드렸던 것처럼 장기 복무자로 선발이 되어야 해요. 즉 하사로 임관을 한 상태에서 2~3년 정도 지나면 장기 선발 심의를 받아요. 그때 장기 선발이 되면 그다음부터 일종의 우스갯소리로 이제 정규직이 됐다고 하죠. 장교도 마찬가지로 중위 때부터 대위 때까지 몇 차례에 걸쳐서 장기 복무자 심의를 받아야 하고요. 그렇지만 우선 이런 걸 떠나서 하사부터는 직업군인이라고 생각하고 말씀드릴게요.

군대는 축소된 국가 또는 축소된 사회라는 말을 저희가 종종 사용해요. 특히 별 두 개인 소장급이 지휘하는 사단에 가면 완전히 하나의 축소된 사회라고 볼 수 있습니다. 한 국가가 갖고 있는 모든 기능이 축소되어 들어가 있다고 생각하면 돼요. 사단 안에 있는 부대들을 보면 의사, 법관, 홍보전문가, 재정전문가, 물류전문가, 수송전문가, 하다못해 경찰, 정보통신전문가 등 전부 계급장을 단 군복을 입고 근무를 하고 있죠. 우리끼리 대화할 때 일개 사단을 딱

떼어서 어떤 지역에 독립적으로 갖다 놨을 때 일정 기간 동안 혼자서 모든 것을 다 할 수 있는 조직이라고 얘기를 하거든요. 군대는 사회에 있는 모든 기능이 다 들어가 있는 조직이라고 보면 될 것 같아요. 예를 들어 사회에서 운전하는 사람이 백만 명 필요하다면 군대는 한 백 명 정도 있는 거예요.

정말 많은 사람들이 있지만 그중에서 부사관이라고 불리는 하사, 중사, 상사, 원사는 군대의 허리이자 등뼈입니다. 이분들은 대부분 한 부대에서 보통 10년 정도 근무를 해요. 요즘은 조금씩 순환 배치를 하는데 특히 하사, 중사는 주로 병사들과 생활을 같이 합니다. 가장 말단에서 현장 업무를 주로 하죠. 통상 분대장을 하면 병사 약 열 명과 같이 일을 하는 거고, 그다음에 경력이 쌓인 하사나 중사 정도 되면 소대의 부소대장 역할을 합니다. 장교, 소대장의 소대 지휘를 보좌하는 역할을 하기 때문에 하사와 중사는 병사들과 제일 가까운 계급이에요. 그리고 상사 정도 되면 사실은 군대에서 가장 숙련된 전문가들이에요. 이 사람들 중에는 부소대장을 하는 사람도 있고 담당관이라고 해서 참모부의 실무자 역할도 하는데, 이분들은 군 생활도 이미 10년 이상 하고 나이가 보통 30대 중반 정도 되니까 체력적, 육체적인 능력을 갖추고 업무의 전문성까지 가진 중요한 인력입니다.

원사는 상사가 진급을 해서 올라가는 계급인데, 그 부대의 역사와 전통의 계승자들이죠. 한 부대에 최소한 10년은 근무한 분들이에요. 어떤 사람은 30년까지 한 부대에서 근무한 경우도 있어요. 이분들은 참모부의 실무자 또는 중대 행정보급관이라고 해서 중대장을 보좌하고 행정 업무를 담당해요. 가장 높은 사람이 주임원사인데 이런 역할을 하면서 동시에 장교를 도와 부대를 실질적으로 운영하는 사람들이죠. 저는 개인적으로 이 부사관들이 대한민국 국군의 전투력을 좌우한다고 생각해요. 현장에서 병사들과 함께 실질적인 행동으로 임무를 수행하는 정말 중요한 계급이고, 현장의 전문가들입니다.

병사들은 어떻게 관리하죠?

편 대령님 말씀 중에 부사관들이 병사들을 관리한다고 하셨잖아요. 병사들을 어떻게 관리하는 건가요?

최 훈련도 시키고 고민이 있으면 들어주고 해결해 줘야 해요. 쉽게 말씀드리면 부모가 해야 할 일, 선생님이 해야 할 일을 다 하는 거예요. 이게 제일 힘들어요. 원래 훈련을 시키는 게 제일 힘들어야 하는데, 대한민국 군대에서 초급 간부들이 가장 힘들어하는 부분이 바로 이 부분이에요. 병사가 휴가를 나가서 들어오지 않거나 사고가 나면 모든 책임을 간부에게 묻거든요. 사실 부모에게도 책임을 그렇게 안 물어요.

제가 군 간부로서 참 마음이 아픈 게 가정-학교-사회에서 해야 할 교육이 제대로 이루어지지 않아서 그 교육을 제대로 못 받은 친구들이 군대에 오면 군대는 이 모든 문제를 해결하라고 요구를 받아요. 군에서 병사들과 면담을 하다 보면 별일을 다 알게 되죠. 나중에 그 병사가 어떤 문제를 일으켜서 부모님을 모시고 얘기를 하다 보면 부모님이 자식에 대해 아는 게 많지 않아서 놀라는 경우가 자주 있어요. 아들이 군에 들어오기 전에 누구한테 폭행을 당해서 왕따를 당했거나 본드를 흡입한 사실을 부모님들이 전혀 모르더라고요. 그 친구가 태어나서 누구와 마주 앉아 30분 동안 자기 인생에 대해서 대화 나눈 게 군에 와서 처음이래요. 학교 선생님도 안 하고 부모님도 모르는 거죠. 대한민국에서 자기 자식에 대해 가장 잘 아는 사람은 부모님이나 선생님이 아니라 군대의 소대장과 부소대장이에요. 부대와 병력의 관리를 부사관, 소위, 중위가 해요. 문제는 그 친구들도 병사들과 나이가 비슷해요. 계급만 높을 뿐이죠. 자기도 똑같은 고민을 하는 나이인데, 자기 고민은 해결 못하면서 부하들 고민은 해결해 줘야 하니까 이 친구들이 얼마나 중요한지 몰라요.

편 너무 중요한데요. 병사들의 군 생활이 그분들께 달렸다고 해도 과장이 아니네요.

최 당연하죠. 이 사람들이 정말 중요한데 우리가 과연 이 사람들을 그만큼 제대로 훈련시키고 지원을 해 주고 있는지 항상 고민이 되더라고요. 이런 일을 주로 하는 부사관들과 초급 장교들이 정말 중요한 사람들입니다. 장교는 소위부터 쭉 올라가는데 몇 가지 카테고리로 나눠요. 소위, 중위, 대위를 위관장교라고 불러요. 그리고 소령, 중령, 대령을 영관 장교라고 부르고요. 그다음에 준장, 소장, 중장, 대장은 장관급 장교 또는 장군이라고 불러요. 그래서 장교는 세 개의 카테고리로 나눠져 있어요. 위관장교는 영어로 필드 그레이드 오피서Field Grade Officer라고 하는데 말 그대로 야전장교예요. 부사관하고 똑같아요. 야전에서 병사들과 같이 움직이는 계급이죠. 소위, 중위는 소대장, 또는 대대급 참모 역할을 하니까 제일 말단에서 병사들, 부사관들과 같이 움직이는 사람들이고 대위가 되면 소대장 세 명을 지휘하는 중대장의 역할, 여단급과 대대급의 참모 역할을 합니다.

참모 역할이라는 게 어떤 업무인가요?

편 참모 역할이라는 게 어떤 업무인가요?

최 편집장님 같은 업무예요. 사장님은 군대로 표현하면 '장'자 붙은 지휘관이고 그 밑에 무슨 담당관, 무슨 담당자와 같은 실무자들이죠. 과장님을 도와주고 부장님의 지휘를 받아서 일을 하는 사람들 있잖아요. 그런 역할을 참모라고 해요. 군대에 장교의 책무라는 게 있어요. 매뉴얼은 아니지만 장교는 이러이러한 사람이어야 한다는 장교의 책임과 의무죠. 생도 시절에 다 외우는데, 첫 번째 문장이 그거예요.

"장교는 군대의 기간이다."

기간基幹은 으뜸이 되거나 중심이 된다는 뜻이거든요. 그러니까 장교는 군대에서 가장 으뜸이 되거나 중심이 되는 사람이라는 거죠. 특히 위관장교들인 소위, 중위들은 병사들과 같이 생활을 하고 중대장, 대위쯤 되면 장교를 부하로 데리고 있는 첫 번째 장교거든요.

중대장 밑에 부하가 있는데 장교를 부하로 두고 있는 첫 번째 계급이 대위예요. 옛날에 로마 시대 영화를 보면 백인대장이라고 나오잖아요. 성경에도 백인대장, 백부장이라는 군대의 지휘관이 나오는데 이 의미는 백 명의 사람을 지휘하는 대장이라는 거예요. 그러니까 오늘날의 중대장인데 로마 시대에는 "백인대장은 전투 시 병력들을 이끌고 선두에서 공격하는 돌격대장이다."라고 했어요. 대위까지는 최전선에서 싸우는 사람이에요. 이 사람들은 전투 기술도 있어야 하고 동시에 리더십도 갖춰야 해요. 백 명이면 상당히 많거든요. 태어나서 백 명을 지휘해 본 사람이 몇 명이나 될까요? 일반적인 환경도 아니고 죽고 싶지 않은 전쟁터에서 백 명의 부하를 지휘해서 전투를 하는 계급이죠. 오늘날 소위, 중위, 대위의 역할은 로마 시대 백인대장 역할을 정의한 것이 제일 잘 설명하는 것 같아요. 사람들이 잘 모르는 계급이 영관 장교인 소령, 중령, 대령인데 소령은 아까 얘기했던 별 두 개의 사단장이 지휘하는 부대의 실무 장교 역할을 하고 한미연합사나 육군본부같이 정책을 만들고 집행하는 정책부서 쪽에서 근무하기도 합니다.

가장 바쁘고 힘든 계급이 있나요?

 가장 바쁘고 힘든 계급이 있다면 어떤 계급일까요?

 육군에서는 중령을 달면 처음 대대장부터 시작해요. 먼저 약 500명 정도를 지휘하는 대대장을 시키고 대대장 끝나고 나면 사단급 참모, 그다음에 군단급부터 시작해서 사령부급 정책부서의 실무 장교 역할을 하는데, 제가 생각할 때 대한민국에서 가장 바쁜 계급이 소령하고 중령이에요. 특히 중령 같은 경우는 대대장을 할 때 병사들이 보기에는 좀 한가해 보여요. 눈에 잘 안 보이고 맨날 사무실에만 있는 것 같고 회의만 참석하는 걸로 생각하죠. 그런데 대대장은 제일 바쁜 보직이에요. 지휘관이니까 모든 걸 다 해요. 대한민국 육군은 통상 부대가 대대 단위로 주둔지를 갖고 있어요. 대대 안에서 일어나는 모든 일이 대대장의 책임이에요. 사람, 장비, 입고 자고 먹고 훈련하는 모든 것들이 대대장 책임이니까 대대장의 일은 모든 걸 내가 다 하겠다고 생각하면 끝이 없어요. 뭔가 삐끗해서 문제가 생겼을 때 최종 결정권자인 대대장이 바빠서 못한 거라면 그걸 못한 게 책임이 되고 확인을 했는데 잘못했다면 그 확인을 제대로 못한 책임을 져야 하죠. 이 사람들은 정책부서에 나가서 실무자 역할도 하는데, 이때의 소령, 중령들은 제 경험으로 봤을 때 아침 7시 이전에 출근해서 밤 12시나 새벽 1시에 퇴근을 합니다. 서울이나 도시 지역에 근무하니까 좋을 것 같은데 제가 합참에 2년 정도 있었을 때 삼각지나 용산역 일대에 밥 먹으러 나간 게 열 번이 안 돼요.

편 너무 바쁜 거네요.

최 시간이 나면 빨리 자고 싶지, 나가서 뭘 먹고 놀고 그럴 정신이 없더라고요. 그런데 이 사람들 손에서 대한민국의 국방정책, 군사전략, 첨단무기나 장비를 사 오고 부대를 어떻게 만들어야 할지, 구조를 어떻게 바꿔야 할지 등의 제안이 시작되죠. 이런 중요한 기획들이 전부 이 사람들 손끝에서 시작되는 거예요. 이 사람들로부터 국군의 발전이 시작됩니다. 저는 지금도 중령 시절을 생각하면 앞이 깜깜해요. '내가 그 힘든 시절을 어떻게 버텼을까?'라는 생각을 할 때가 있죠.

병사들 눈에는 간부들이 편해 보이지 않을까요?

🔲 병사들 눈에는 소위로 임관한 대령님이 편해 보이지 않았을까요?

🔳 보통 사람들은 사관생도 생활을 그냥 대학생활이라고 생각해요. 사관생도는 대학생이면서 장교면서 병사예요. 지금은 좀 달라졌을 것 같은데, 예를 들어서 저희 생도 때 남자 화장실에 가면 소변기 바닥에 동그란 덮개가 있었어요. 지금은 다 사기로 되어 있는데 예전에는 쇠로 되어 있었어요. 저희들이 다 손으로 닦았어요. 내무 검사를 해요. 하얀 장갑을 끼고 일일이 다 확인을 하더라고요. 솔직히 자존심이 상했어요. 일국의 육군사관생도가 소변기의 철판을 닦아야 되냐는 생각이 들기도 했죠. 그러면 이렇게 말씀하시더라고요. 당신이 나중에 장교 임관 후 야전부대로 가면 병사들에게 이런 일을 시켜야 하는데 당신이 안 해 본 걸 병사들한테 시키면 양심의 가책을 안 느끼겠느냐고 혼내시더라고요. 저는 병사들이 알지 못하는 수많은 육체적, 정신적 이유로 사관학교생활이 힘들었는데, 그럼에도 불구하고 "사관생도 4학년을 다시 할 거냐, 육군 중령 생활을 다시 할 거냐?"라고 묻는다면 사관생도 생활을 다시 선

택할 겁니다. 육군 중령 생활은 사관생도 시절보다도 많이 힘들어요. 제가 대령을 달고 합참에 출장 가서 보면 흡연장에서 중령들이 담배를 피우고 있어요. 그 장면을 보면서 동료들에게 대한민국 국방부와 육해공군, 해병대는 중령들의 피와 땀과 눈물을 토대로 성장하는 조직이라고 얘기했죠. 저 사람들의 피가 뿌려져서 우리나라 군대가 성장하는 거예요.

편 대령님, 계급별로 대강의 연령대가 있을까요?

최 하사, 중사는 대부분 20대, 상사 정도 되면 30대, 원사 정도 되면 40~50대 정도 되겠네요.

편 그러면 소위는요?

최 소위, 중위는 똑같아요. 소위가 한 25세 정도 되거든요.

장교가 되는 방법을 알려 주세요.

편 장교가 되는 방법은 어떤 게 있나요?

최 장교가 되는 방법은

1. 육군사관학교를 졸업한다.
2. 3사관학교를 졸업한다.
3. 대학에 입학하고 학군단에 들어가서 대학 4년 졸업하면 학군장교가 된다.

이 세 가지 방법은 모두 4년이 걸려요. 사관학교도 4년, 3사관학교도 입학 조건이 4년제 대학 2년 이상 수료자 또는 전문대학 졸업자니까 기존 2년에 3사관학교 교육 2년을 더 받으니까 총 4년이죠. 학군장교도 대학 4년 졸업하면서 소위로 임관하니까 4년, 학사장교도 대학 4년을 졸업한 다음에 시험 봐서 임관하니까 4년이죠. 병사나 부사관으로 근무하던 현역 장병이 장교가 되겠다고 시험을 봐서 선발되는 단기간부사관 제도도 있어요.

육사 마지막 졸업시험을 마친 기념

육사 4학년 시절 공수훈련 마지막 날

편 부사관에서 장교가 되려면 시험을 통과해야 되는 거네요.

최 군 생활 경력을 인정하는 거죠.

편 예를 들면 고등학생이 부사관으로 바로 지원을 한다면 4년제 학위 자격을 취득해서 그다음에 장교 시험을 볼 수 있는 건가요? 어쨌든 간에 소위, 중위, 대위도 다 달 수 있나요?

최 네. 작년에 기계화학교 교육단장을 할 때 제가 여단장 시절 중사로 근무했던 친구가 단기간부사관에 합격해서 소위 계급장을 달고 교육받으러 왔어요. 소위 임관 후에는 다른 장교들과 같은 경로를 밟아요.

병사 관리 외에 부대 실무는 어떤 게 있을까요?

편 대령님, 아까 부대 실무라는 말씀을 해 주셨는데 병사들을 어떻게 관리하는지는 정확히 이해가 됐어요. 그 외의 부대 실무는 어떤 게 있을까요?

최 회사와 똑같아요. 예를 들어 재정, 군종이라고 해서 회계나 종교 관련 업무를 하는 참모도 있고, 공보정훈이라고 홍보 관련 일을 하는 참모도 있어요. 통상 여단급 이하로 내려가면 참모부를 인사, 정보, 작전, 군수 이렇게 네 개 분야로 나눠요. 인사는 인사과에서 하는 일을 한다고 생각하면 돼요. 인사과장이 있고 그 밑에 인사장교나 무슨 담당관 이런 사람들은 실무자로 인사 관련된 일을 해요. 정보는 적에 관련된 정보를 수집하는 거고, 작전은 작전과 관련된 모든 업무예요. 대부분의 업무가 여기에 많이 걸려요. 제일 바빠요. 군수는 보급, 수송, 병참 등 먹고 자고 입고 기름, 탄약 공급 등을 다 관할하죠.

부사관의 업무 강도는 어떤가요?

📬 부사관의 업무 강도는 어떤가요?

📭 모든 업무마다 계급별, 부대별, 병과별로 다 달라요. 예를 들어서 내가 대대급의 인사담당관이에요. 후방 학교에 있는 인사담당관은 일단 학교에 소속돼 있는 인원이 많지 않아요. 이 친구는 교육받으러 오는 학생들을 관리하는 업무를 하는데 1년 중 바쁜 시기가 정해져 있죠. 후방에 있으니까 비교적 생활환경도 좋고 업무도 특정한 시기 빼놓고는 사람이 많지 않으니까 비교적 여유가 있어요. 그런데 전방 사단의 신병교육대 인사장교나 인사담당관이라면 거의 한 달에 한두 번씩 수백 명의 신병이 들어와요. 그럼 매 기수 입소하고 퇴소하는 모든 신병들에 대한 인사관리, 기존 신병교육대에 소속된 장병들에 대한 인사관리 업무를 다 해야 됩니다. 1년 내내 바빠요. 그리고 한 기수만 들어오고 끝나는 게 아니라 한 기수 들어온 상태에서 2주 뒤에 또 다른 기수가 들어오고 또 들어오고 업무에 파묻히는 거죠. 똑같은 인사담당관인데 어느 부대에 있느냐에 따라서 업무 강도가 완전히 달라요. 만약 같은 부대에 있더라도 우리 부대는 전투부대라서 훈련이 많고 작전이 많으면 작전

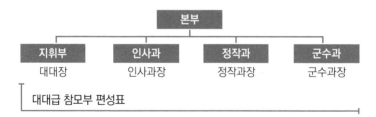

대대급 참모부 편성표

과에 근무하는 중위는(교육장교가 통상 그런 경우가 있는데) 거의 인간적인 삶을 포기하고 살아요. 너무 힘들어서 서로 안 하려고 해요. 중요한 자리이고 고생한 만큼 인정도 받지만 너무 힘든 거죠. 그런데 옆 사무실에 있는 정보장교를 보면, 평상시에 적에 대한 정보를 수집할 상황이 많지 않잖아요. 같은 건물에서 사무실만 다른데 서로 업무 강도가 너무 달라서 안 바쁜 사람이 바쁜 사람을 도와줘야 해요.

같은 부대 안에서도 어떤 직책에 있느냐에 따라서 업무 강도가 다르고, 같은 직책이지만 어느 부대에 있느냐에 따라서 달라져요. 내가 군사경찰이에요. 병사들, 간부들이 많은 전방의 군사경찰부대에 근무하는 부사관과 장교들은 조용할 날이 없으니까 늘 바빠요. 그런데 후방사령부급에 있는 군사경찰부대는 부대원 대부분이 육군 소령, 중령이면 상대적으로 할 일이 적겠죠. 물론 간부가 사고를 내면 대형사고가 나니까 한 번씩 일이 커지긴 하는데 그런 일이 많지는 않아서 업무의 강도가 전방에 비해서는 약한 편이에요.

근무지나 순환 근무를 선택할 수 있나요?

🔲 그럼 업무 강도가 낮은 데로 가고 싶을 텐데요. 근무지를 선택할 수 있나요?

🔲 없어요.

🔲 순환은 되나요?

🔲 순환은 됩니다. 예전 부사관들은 어떤 부대에 가면 특별한 사정이 없는 한 전역할 때까지 그 부대에 있었어요. 예를 들어 고향이 충청도인데 내가 외아들이고 부모님이 투병 중인데 아무도 봉양할 사람이 없는 경우 그 근처 부대에 자리가 나면 전출을 희망해서 이동할 수 있었죠. 이런 경우 말고는 수십 년을 한 부대에만 계속 있었어요. 물론 좋은 점도 있어요. 이사를 안 가니까 자녀 교육이나 환경이 안정적이죠. 부대 근처에 집도 사고 경제적으로도 안정되고요. 그런데 매너리즘에 빠질 수 있어요. 그리고 전방에서만 근무했던 사람은 '나는 왜 후방에 한 번도 못 가지?' 하는데 하사를 달고 처음부터 육군본부나 후방사령부 지역에 배치를 받아서 평생을 그 부대에 근무하는 친구는 전방 부대에서 한 번도 근무를 안 해

보는 거죠. 그러면 똑같은 육군 부사관인데 너무 다른 거예요. 이런 불합리한 문제가 계속 제기되다 보니까 요즘은 10년 단위로 전, 후방을 교체하는 순환보직 제도를 시행해요.

📧 전방이 너무 힘든 지역이네요.

🔲 그렇죠. 훈련도 많고 늘 긴장 속에서 살아야 되니까요. 업무 강도는 어느 부대를 가느냐, 어떤 직책을 수행을 하느냐, 어떤 계급이냐에 따라서 많이 달라요. 계급이 낮으면 육체적인 강도가 세고, 소령, 중령 정도 되면 육체적으로 해야 할 일은 별로 없지만 책임에 대한 정신적 스트레스는 사람들이 상상도 못할 정도로 크죠. 그런데 문제는 그 정도 계급이 되면 나이가 40~50대가 되다 보니까 육체적으로도 힘들어요. 정신적 스트레스를 이길 정도의 육체적인 강건함이 많이 약해진 상태죠.

📧 그래도 순환 보직이 되어서 다행이네요. 사회적인 기준으로 보면 사실 10년도 긴 거 같아요.

🔲 그런데 원래 부사관의 역할이 부대의 전통과 역사의 계승자인데 그런 순기능이 너무 약해진 것이 아닌지 의문을 제기하면서 부사관의 순환 보직 자체를 부정적으로 보는 사람도 있어요. 옛날이

더 낮지 않았나. 제가 대대장을 했던 부대에 가면 같이 근무했던 사람들이 한 명도 안 남아 있어요. 그럼 '이 부대의 전통과 역사는 누가 계승하고 있지? 이 부대만의 고유의 특성이 있었는데…' 하는 섭섭함이 있더라고요. 순환 근무의 장점과 단점이 있는 것 같아요.

군인은 늘 훈련한다.

주거는 어떻게 하나요?

편 직업군인의 주거는 어떻게 하나요?

최 일반적으로 군인들은 군인 숙소에 삽니다. 저 같은 경우는 운이 좋은 건지 어떤 사정에 의해서 군인 아파트에 안 살고 바깥에 나와서 거주할 수 있었어요. 물론 군부대를 기준으로 일정한 거리 반경 내에서 살아야죠. 군인들은 대부분 부대 근처에 있는 군인 아파트나 결혼을 안 한 사람들은 독신 숙소에 삽니다. 부대와 가까워서 어떤 부대는 울타리가 같이 붙어 있는 데도 있고 독신 숙소 같은 경우는 부대 안에 있어요.

군인 아파트가 공짜라고 아는 분들이 많은데 80퍼센트만 맞는 얘기예요. 공짜는 아니고 입주금을 받아요. 대신 아주 싸죠. 지역 단위로 서울특별시, 광역시, 시 단위 또는 군 이하 단위로 평당 얼마씩 액수가 책정이 되어 있어서 입주금을 내는데, 서울 지역 같은 경우 일반 아파트들에 비해 상대적으로 싼 편이죠. 서울 집값이 워낙 비싸다 보니 거의 공짜라고 생각을 하는 것 같아요. 관리비는 본인들이 쓰는 만큼 내야 합니다. 대신 독신자 숙소는 관리비가 거의 무료예요.

대부분 1인 1실을 주는데 덥다고 에어컨을 하루 종일 틀어놓고 생활하면 비용이 초과되겠죠? 한 달에 지원해 주는 전기 용량이 정해져 있는데 그 용량을 초과하면 초과된 만큼은 본인이 부담을 해야 돼요. 그런 것만 아니면 독신 숙소에 사는 사람들은 거의 주거에 대한 돈이 들지 않아요. 군인 월급이 적다고 해도 숙소 비용 하나만 놓고 보면 서울에 살면서 일하는 친구들보다 50~100만 원 가까이 아낄 수 있어요. 군 숙소가 안 좋다는 소문이 많은데 사실이긴 해요. 그런데 요즘은 많이 달라지고 있어요. 예전에 군 아파트는 예산을 반영해서 지었어요. 국방비 예산으로 지어야 하니까 많이 못 짓는 거예요.

요즘에는 큰 회사와 계약을 해서 군인 아파트를 지어요. 다 짓고 나면 인수를 받아서 장기간 매년 임대를 하는 거예요. 아파트는 그 회사 거예요. 관리도 그 회사가 지정한 곳에서 해줘요. 군인은 임대해서 영구적으로 살고요. 그러다 보니까 최근에 지은 아파트는 시설도 좋고 관리도 수월해요. 원래 군인 아파트는 대부분 15평이었어요. 과거에 동빙고 아파트라는 곳이 있었는데 거기 사는 선배가 그러더라고요.

주변 민간 아파트에 사는 주민들이 애가 공부를 안 하면 창가로 데려가서 동빙고 아파트를 보여주면서 "너 공부 안 하면 나중에

저런 아파트에 살아야 된다."라고 했대요. 지금 그 자리에 유명한 브랜드 아파트가 있어요. 군인 아파트예요. 아는 분이 살고 있어서 올라가 봤는데 한강이 다 보여요. 상당히 많은 세대가 한강뷰라고 하더라고요. 물론 아직도 전방에 가면 예전 낡은 시설의 아파트도 있지만 요즘은 리모델링을 통해서 독신자 숙소로 개조를 합니다. 거주 여건은 많이 좋아지고 있어요. 더욱 좋아질 거고요.

왜 거주지를 제공하는 거예요?

편 직업군인한테 거주지를 제공하는 이유가 뭔가요?

최 만약 강원도 철원에 있는 어느 부대 반경 몇 킬로미터 안에 민가가 하나도 없는데 그 부대에서 근무를 해야 된다면 어디에서 살아야 할까요? 집이 없어요. 예를 들어 사단급에 몇 천 명이 있는데 그 동네는 100세대가 채 안 되는 작은 마을이에요. 거주지를 해결해 주지 않으면서 근무를 하라고 할 수가 없어요. 수도권은 집이 많다고 하는데 서울 전세가 지금 5억, 10억이에요. 그 돈을 가진 사람이 얼마나 있겠어요?

편 인적이 없는 부대에 배치되든, 도시 한가운데에 있는 부대에 배치되든 어느 곳에 배치되더라도 안정적으로 일하기 위한 거주 여건을 제공하는 거네요.

최 그게 장점이면서 단점이에요. 장점은 안정적으로 집을 제공하니까 주택 비용으로 나가야 할 돈을 아낄 수 있다는 거고 단점은 모으는 게 쉽지 않다는 거죠.

편 차는 안 나오나요? 계급에 상관없이 차를 소유할 수 있어요?

최 과거에는 계급별로 못 사게 한 적도 있어요. 하사, 중사, 소위, 중위는 결혼을 하지 않은 경우에 차를 못 사게 했어요. 두 가지 이유가 있어요. 첫째는 경제적인 이유예요. 그 월급으로는 도저히 차를 유지할 수가 없는데 차를 무리하게 샀다가 빚 독촉에 시달려서 자살을 하는 경우가 있었어요. 그런 사고를 예방하기 위해서 금지했었고, 두 번째 이유는 음주운전 때문이죠. 젊은 친구들이 주말에 술을 마시잖아요. 음주운전 사고를 자꾸 내는 거예요. 그래서 부대 관리 차원, 병력 관리 차원에서 일정한 계급 이상이거나 결혼을 했거나 결혼을 해서 애가 있는 사람들에 한해서 차를 소유할 수 있었어요. 음주운전을 할 가능성도 적고 책임감 있는 삶을 살아야 하는 사람들이니까요. 그런데 국가인권위원회에서 간부들에 대한 과도한 인권 침해라며 하지 말라는 권고가 나와서 지금은 차량 소유에 대한 통제가 없습니다. 수입차를 타고 다니는 부사관이나 장교들도 많아요.

다른 복지도 궁금해요.

편 직업군인의 다른 복지도 궁금해요.

최 복지시설로 군부대 안에 있는 PX라고 불렸던 마트를 이용할 수 있어요. 요즘은 영내 마트라고 부르는데요, 민간인들은 사용을 못 해요. 영내 마트는 현역 군인, 군무원, 국가유공자 또는 일정 기간 복무를 한 전역 군인만 사용할 수 있습니다.

편 군인은 일정 기간 근무하기만 하면 국가유공자가 되나요?

최 그렇진 않고요. 33년 이상 근무하면서 경력에 아무런 오점이 없는 분이어야 해요. 즉 징계를 받거나 처벌을 받은 적이 없고 공적이 인정돼서 전역할 때 보국훈장 이상 받은 분만 국가유공자가 됩니다. 30년 넘게 군 생활을 하면서 징계를 한 번도 안 받기가 쉽지 않아요. 그리고 요즘은 조금만 문제가 있어도 아예 훈장 대상자가 안 되거든요. 제 소원이 전역한 다음에 집 앞에 국가유공자의 집이라고 붙이는 거예요. 그런 분들은 영내 마트를 사용할 수 있고, 전국 각지에 군에서 직접 지은 콘도나 호텔을 제한적으로 이용할 수 있어요. 그뿐만 아니라 민간에서 운영하는 호텔이나 콘도 중에서 일정 부분을 군에서 계약해서 사용하는 제도가 있는데 현역, 군인 가족, 국가유공자, 장기 복무했던 전역자들이 제한적으로 사용할 수 있습니다. 전방 지역에 가면 부대 바깥에 복지회관을 운영해요. 거기 가면 식당, 숙소, 목욕탕 같은 게 있는데 비교적 저렴한 가격에 이용할 수 있습니다.

제공되는 장비, 시설, 교육 프로그램이 궁금해요.

편 직업군인이 되면 민간인이 사용할 수 없는 장비, 시설, 프로그램들을 사용할 수 있나요? 교육 프로그램은 어떤 게 제공되나요?

최 일단 국가자격증을 딸 수 있어요. 예를 들어서 내 병과가 공병이에요. 건설과 관련된 병과죠. 관련된 게 굴삭기, 중대형 트럭, 지게차 운전 등이 있는데 자격증을 따려면 필기시험과 실기시험이 있잖아요. 필기는 본인이 공부하면 되고 실기 연습은 군대에 장비가 다 있기 때문에 소집해서 교육을 시켜줘요. 시험만 보면 되죠. 대한민국 국가기술자격증은 본인의 의지만 있다면 군에서 취득할 수 있어요. 그다음에 위탁교육이라고 있는데 주간 위탁교육은 국내외 다 가능해요. 물론 장교들이 많이 선발되기는 하지만 요즘은 부사관들도 점점 늘리고 있어요. 국내 2년제 전문대부터 4년제 대학까지 일부 인원들을 선발하는데, 그 기간 동안 직업군인은 월급과 장학금을 받으면서 대학에 다니는 거예요. 물론 학교에 다니는 2~4년이 의무 복무 기간에 더해지죠. 그건 다른 공무원들도 마찬가지예요. 적지 않은 숫자의 장교와 부사관들이 매년 외국 대학의 석사나 학사 과정을 밟고 또 교수를 희망하는 직업군인들은 박사 학위 과정을 밟으러 외국에 나가죠.

교육 프로그램이 정기적으로 제공되나요?

🈡 공고가 매년 뜨나요?

🈜 네. 전, 후반기로 나눠서 공고가 나와요. 각국의 장교들과 부사관들을 교육하는 군사교육 과정도 있어요. 매년 백 명 이상의 부사관과 장교를 뽑아서 유학을 보냅니다. 군대에는 어학 자원이 많이 필요해요. 연합작전도 해야 하고 외국에 파병도 보내야 해서 영어, 러시아어, 중국어, 스페인어 등이 중요한데, 경기도 이천에 국방어학원이 있어서 영어와 제2 외국어 과정을 기숙사에 들어가서 집중적으로 공부할 수 있어요. 얼마 전까지는 특정한 대학에서 그 부대의 시설이나 근처에 있는 건물을 임대하거나 직접 지어서 출장 강의를 하러 왔어요. 부사관들을 대상으로 하는 경우가 많았어요. 교수님들이 교육부의 기준에 따라 주 며칠씩 부대에 와서 자동차 정비 등 군에 특화된 전공과목 수업을 해서 부사관들이 학위와 자격증을 딸 수 있게 했지요. 요즘은 학점은행제와 사이버대학으로 바뀐 것 같은데 여건이 좋다고 생각합니다.

🈡 너무 좋네요.

최 학비는 국가 또는 학교에서 주는 장학금 제도를 이용하면 본인 부담이 크지 않아요. 그렇게 학위를 따고 이미 학사 학위를 갖고 있는 장교나 부사관들은 4년제 대학에 설치된 국가 안보나 북한 관련 학과, 또는 상담 심리 같은 대학원 과정에 진학할 수 있어요. 마찬가지로 장학금 제도가 잘 돼 있어요. 원사나 영관 장교 정도 되면 그 지역 내 대학과 협약을 맺어서 장학금을 받고 박사학위 과정에 진학해서 학위를 받는 경우가 많이 있습니다. 그런 분들이 전역한 다음에 일반 대학에 설치된 군사학과, 군과 관련된 학과의 교수로 진출하는 경우도 많고요. 본인이 공부하겠다는 의지만 있으면 군에 들어왔을 때 학사부터 박사까지 다 딸 수 있습니다. 제가 전에 근무했던 부대의 주임원사도 거기에 개설돼 있는 대학과 대학원을 나와서 석사학위를 받았어요. 전역하자마자 본인이 졸업했던 대학교에서 직업군인을 희망하는 학생들을 대상으로 강의를 하세요. 군대에 가서 학위를 딸 수 있다는 건 생각지도 못했을걸요. 군 생활하면서 월급과 장학금을 받고 야간에 주 2~3일씩 수업을 듣는 거죠.

편 이 책을 읽는 학생들 중에 부모님이 안 계시거나 형편이 어렵다거나 학원을 다닐 수 없다고 해서 대학 진학의 꿈을 포기할 필요가 없네요. 군대의 이런 학위 제도를 이용해서 반드시 공부를 하면 좋겠습니다.

최 전방은 그게 안 되지 않을까 생각할 수도 있지만 전방에도 거의 다 있어요. 우리나라의 2년제 대학이 학생 모집에 어려움이 있다 보니까 학점은행제와 사이버대학 과정을 개설해 놓고 있어요. 학위 공부를 시키고, 군에서 주는 장학금이나 국가에서 지원해 주는 장학금을 받으면 되니까 직업군인들은 공부할 여건이 좋아졌어요. 공부하겠다는 의지만 있으면 밖에서 대학을 다니는 것보다 군에서 월급 받아 가면서 공부하는 게 훨씬 나은 거 같아요. 저는 지휘관 생활을 할 초급 부사관들은 거의 반강제적으로 공부시켜서 학위를 따게 했어요. 군에서 진급할 때 학위 있는 사람을 우대하고 공부하고 있는 사람은 학위를 가진 사람과 거의 동일한 수준으로 간주해서 심사에 반영하죠.

편 이 책을 읽는 청소년 여러분, 최무룡 대령님을 만난 이 순간부터는 "저는 집안 사정이 있어서 공부를 할 수 없었어요."라는 말을 어느 누구도 하기 없기예요. 청소년 시절에 내가 어떻게 할 수 없는 힘든 일을 겪은 친구들도 많을 거예요. 환경의 어려움에도 절대 꿈과 학업을 포기하지 말고 의지를 다지면서 국가 최고 시설인 군대의 다양한 지원 제도를 꼭 활용하세요.

학생들이 왜 직업군인을 희망할까요?

📝 학생들이 직업군인을 희망하는 경우가 많아요. 학교에서 요청이 많이 들어와서 저희도 알게 됐거든요. 학생들이 왜 직업군인을 희망할까요?

🧑 교육부에서 한국직업능력개발원을 통해서 확인한 자료인데, 10년간 학생 희망 직업 상위 10퍼센트 변화 추이를 봤더니 초등학생은 선생님, 운동선수, 연예인이고 직업군인은 중학생 희망 직업 5위, 고등학생 희망 직업 4위예요. 저도 깜짝 놀랐습니다.

📝 이 현상에 대해 어떻게 생각하세요?

🧑 직업군인에 대한 선호도가 높은 이유가 뭘까 생각을 해 봤는데 군인이 공무원이잖아요. 국가적인 차원에서 보면 특정직 공무원이거든요. 직업적 안정성이 높다고 판단한 것 같아요. 선생님이나 공무원에 대한 선호도가 높아진 이유와 동일한 것 같아요. 두 번째 이유는 〈태양의 후예〉, 〈강철부대〉처럼 군에 대해 긍정적인 영향을 주는 방송이나 미디어의 영향도 큰 거 같아요. 우리가 잘 모르는 특성화 고등학교도 있어요. 군복과 비슷한 교복을 입는 고등학

생들이 있어서 살펴봤더니 군 특성화 고등학교였어요. 전국에 꽤 있더라고요. 제가 전에 근무했던 전라도 장성 상무대 인근에 중고 등학교가 통합된 학교가 있는데 그 고등학교는 군 부사관 특성화 고등학교여서 학생 전체가 부사관 희망자입니다. 한 학년에 50명 정도 되는데 전부 기숙사에 살면서 일반 고등학생의 커리큘럼을 공부하고 군과 관련된 교육도 같이 받아요. 그래서 졸업을 할 때 부사관 시험에 다 같이 응시합니다. 전국의 학생들이 모여 있더라고요. 전국적으로 군과 협약을 맺거나 또는 학교 자체적으로 판단을 해서 군과 관련된 과목을 교육하는 고등학교가 꽤 있어요. 그런데 경쟁률이 만만치 않아요. 대학교에도 군사학과가 있어요. 아예 전 공이 군사학이에요. 그 학생들은 처음부터 장교가 되려고 그 학과 를 간 거예요.

군사학과를 나오면 가산점 같은 게 있나요?

편 군사학과를 나오면 가산점 같은 게 있나요?

최 시험은 똑같이 보는데 유리하겠죠. 군과 사전에 협약을 맺은 학교의 경우 부사관의 병과나 특기 선발 시 유리한 평가를 받는 전공이나 자격증이 있는 것으로 확인했어요. 이런 고등학교와 대학교에 진학하는 인원이 많은 걸로 봐서 직업군인에 대한 확신과 선호도가 높아졌다는 걸 느꼈어요. 지금은 부모님께 직업군인이 되고 싶다고 얘기하면 대부분 받아들이신대요. 과거에는 부모님들이 싫어하셨거든요. 아버지가 중령이나 대령인데 아들이 부사관이 되겠다고 하면 장교가 되지 왜 부사관이 되려고 하냐며 다른 길을 권유했겠죠. 그런데 지금은 부사관 가라고 해요. 제가 아는 대령님도 아들이 부사관에 선발됐다고 자랑을 하셨는데 얼마 전에는 장기 복무자가 됐다고 뿌듯해하더라고요. 세상이 달라져서 직업군인에 대한 부정적인 인식이 거의 사라졌어요. 세상이 많이 변했다고 느껴요.

편 대령님처럼 군에 대해 깊이 고민하는 분들이 많이 바꾸신 거겠죠.

최 그렇게 말씀해 주셔서 감사한데, 제가 한 건 별로 없어요.^^

군대라고 하면 떠오르는 이미지가 있어요?

편 영화나 드라마에 나오는 군대 이미지 때문인지 최첨단 장비가 떠올라요. 부대 어딘가에 그런 최첨단 장비가 숨어 있을 거 같고, 또 〈강철부대〉 프로그램의 인기를 보면서 사람들이 강해지고 싶어 한다는 걸 느꼈어요. 자신을 단련하고 싶은 욕구라고 할까요?

최 대한민국 군대에만 있는 특수한 장비가 많죠. 남들은 군사 보안이라고 구경도 못하는 장비를 맨날 눈으로 보고 직접 만지고 본인이 정비도 하고 운용을 하는 경우가 많아요. 그 장비를 다루는 것에서 끝나는 게 아니라 나중에는 연관되어 있는 업체 즉 그런 장비를 생산하거나 정비하는 외부 민간업체에서 인력을 뽑을 때 우선 선발을 하죠. 사실 그런 장비를 다뤄본 사람이 몇 명이나 되겠어요. 장비를 한 번도 보지 못했던 사람을 훈련시키는 것보다 즉각 업무 투입이 가능한 사람을 당연히 우선순위로 뽑겠죠.

편 그런 업체가 많나요?

최 많지는 않지만 시장에서 거의 독점하는 경우가 많아요.

군대에서 학사부터 박사까지 취득한 분들이 있나요?

편 대령님이 보신 분들 중에 군대에서 학사 따고, 석사 박사 따서 어떤 분야의 전문가가 된 분들이 있을까요?

최 네. 사실 많은 분들이 군에 와서 석사, 박사 학위를 받고 전역 후 일반대학에 출강하고 있어요. 정말 열심히 하셨거든요. 몇 년간은 평일 야간과 주말을 모두 바치는 것 같아요. 그래서 전역 후에도 '교수님' 소리를 듣는 분들이 많아요. 그리고 앞에서 잠깐 얘기했지만 제가 기계화학교에 근무할 때 학교 주임원사였던 분이 군 생활 중 학사, 석사 학위를 받아서 전역과 동시에 지역에 있는 대학에 출강하면서 후진을 양성하고 있어요. 그 학과에 부사관 출신 교수님들이 네 분이나 계신데요. 모두 자신이 군에서 임무를 수행했던 분야에서 30년 이상 근무했던 전문가들인데, 이론적 배경까지 겸비했으니 가장 유능한 '선생님'이 되셨을 겁니다.

언제 제일 큰 보람을 느끼셨나요?

편. 대령님께서 직업군인으로서 제일 큰 보람을 느낄 때가 언제였나요?

최. 제가 28~30세 사이 대위 시절에 중대장을 했어요. 그 젊음에 얼마나 혈기 넘쳤겠어요. 지금 생각해 보면 참 우악스럽게 군 생활을 했는데, 거기에다 전차부대니까 군기도 강했죠. 전차부대를 육군 해병대라고 불렀을 정도니까요. 여의도 광장이 있었을 때 국군의 날 행사를 거기서 했거든요. 해병대와 육군이 붙어 있는 자리에서 티격태격하니까 행사 준비하는 쪽에서 해병대 캠프 옆에 전차부대를 배치했다고 하더라고요. 왜냐하면 전차부대가 육군에서 군기가 제일 세거든요. 그렇게 우악스러운 군대 생활을 했는데, 벌써 20년이 지났는데도 그 당시 우리 중대 병사들과 매년 만나요. 다들 가족을 이루게 되면서 가족 모임을 하다가 애들이 사춘기가 되면서 안 오니까 다시 우리끼리 만나죠. 매년 그 친구들과 만날 때마다 '내가 군 생활을 잘했구나.'라는 보람이 느껴져요. 그 친구들이 전국에 흩어져서 사는데 그날만큼은 다 같이 모이는 거죠. 젊은 시절에 2년 동안 함께 근무하면서 고생한 시절이 전우애로 남았어요.

신임장교 대상 리더십 교육

대위 때 내 중대장 전차 승무원들과

부하가 아닌 전우들과 함께

중대장님이라고 부르다가 이제는 형님이라고 부르더라고요.

제가 몇 년 전 맹호부대라고 불리는 수기사(정식 명칭은 수도기계화
보병사단)에서 기계화부대 여단장을 했어요. 이 부대는 6.25 때는 물
론이고 월남전에 파병을 가서도 용맹을 떨친 부대죠. 지금도 외국
군들이 'Tiger Division'이라고 하면 대부분 알 정도로요. 대한민국
에서 가장 전투력이 강한 사단이에요. 거기에서 대령을 달고 여단
장을 했는데 그때 예하 대대에서 대위 달고 중대장을 하던 친구가
소령이 되었는데 얼마 전에 뜬금없이 추석 보름달을 찍어서 저한

테 보냈더라고요. 뭐냐고 하니까

"여단장님, 미국에서 보름달 보냅니다."라고 왔어요. 코로나 시대에 왜 미국에 있냐고 했더니 미군과 연합훈련이 있어서 나가 있다고 하더라고요.

"지금 미군들 훈련하는 거 보니까 여단장님과 우리 부대가 다 출동해서 했던 그때 훈련이 더 잘했던 것 같아요. 그립네요."

라고 문자가 오더라고요. 그 문자를 받고, '아 잘했구나, 군 생활 잘했구나, 군인답게 했구나.'라는 생각에 뿌듯했어요. 내가 군인답게 잘 살았다는 걸 느낄 때 제일 보람이 있죠.

직접 전투를 경험하지는 않았지만 전투와 유사한 형태의 훈련을 해서 나와 우리 부하들, 우리 부대가 승리의 기쁨을 느꼈던 그 순간을 전우들이 기억해 줄 때 참 기뻐요. 우리 모두 군인으로서 가장 군인다웠으니까요.

📧 영화의 한 장면 같아요. 자신의 일에 충실하면 반드시 인생의 보람이 찾아오는 것 같습니다.

위험한 순간은 없었나요?

편 혹시 위험한 순간은 없었나요?

최 사람은 선택적 기억을 한다고 그러잖아요. 너무 슬펐던 기억은 지워버리는 경우가 있어요. 전차부대를 지휘하면서 위험한 순간이 왜 없겠어요. 전차의 바퀴를 감싸고 있는 걸 궤도라고 하는데, 그거 끊긴 거 본 적 있으세요? 궤도 안에 바퀴, 정확하게는 보기륜이라고 하는데 그게 여섯 개 정도 있어요. 바퀴 여섯 개를 궤도가 감싸고 엄청난 힘을 줘서 연결하고 있는 거예요. 그게 탁 끊어지면 사방으로 튈 거 아니에요. 양쪽 궤도 중에 한 쪽만 끊어졌으니까 다른 쪽은 계속 가고 있고 그러면 전차가 한 쪽 방향으로만 돌아가는데 도로에서 차가 지나다니는 상황이면 정말 위험하겠죠. 그 당시에 다행히 차가 안 지나갔어요. 전차부대가 이동할 때 차가 많으면 위험하니까 보통 새벽이나 늦은 밤에 다니거든요. 그래도 가끔 차들이 지나가는데 그날은 주변에 차가 안 지나갔어요. 너무 다행이죠.

편 주위에 차량이 있었으면 참사였겠네요. 보고를 받으신 건가요? 아니면 거기에 계셨어요?

최 제가 중대장이니까 맨 앞에서 지프차를 타고 호송하는데 갑자기 턱 소리가 나서 뒤돌아보니까 궤도가 끊긴 전차가 차선을 이탈해 있더라고요. 총, 포를 다루니까 조금만 긴장을 늦추면 사고가 생겨요. 제가 여단장 할 때 지금도 마음의 빚으로 남아있는 일이 있었는데, 예하 대대의 병사 한 명이 훈련장에서 순직한 사고가 있었어요. 평생 한으로 남을 죄송하고 아픈 사고였어요. 가끔 간부들이 정비나 훈련을 하다가 병사들에게 욕을 하거나 혼을 냈다고 처벌을 받는 사례가 있는데, 사실 이게 인명 사고가 날 수도 있는 경우라서 그 간부의 안타까운 상황이 어떤 때는 이해가 되기도 합니다. 전차를 다루다 보면 조금만 실수해도 손, 발을 크게 다쳐요. 50톤짜리 전차에 손이나 발이 들어갔다고 생각해 보세요. 그래서 장비를 다루는 사람들이 목소리가 크고 얼굴이 험상궂게 보이는 경우가 많지요. 안전을 위해 집중해야 하니까요.

급여는 어떻게 책정되나요?

편 직업군인의 급여는 어떻게 되나요?

최 군인도 공무원 신분이니까 급수가 있어요. 제가 이번에 확인을 해 보니까 막 임관한 하사는 연봉과 각종 수당을 합치면 약 2,500~2,700만 원 되더라고요. 우리나라 20대 청년의 연봉이 약 2,500만 원 정도 된대요. 상대적으로 적지 않은 수준이더라고요. 사실 20대 청년이라고 해도 고등학교를 졸업하고 바로 부사관으로 오면 20~21세예요. 사회에서 말하는 20대 청년들은 보통 2년제나 4년제 대학을 나오고 취업이 되면 26~27세 정도로 보기 때문에 4~6년 정도 먼저 시작한다고 볼 수 있죠. 20~21세에 시작해서 4~6년 정도 경력이 쌓이고 진급을 하면 연봉이 3,300~3,500만 원 정도 된다는 얘기니까 같은 나이로 봤을 때는 적지 않은 연봉을 받는 거예요.

10년 정도 복무한 상사 연봉이 약 4천만 원, 10년 정도 근무한 대위 연봉이 5천만 원 정도 됩니다. 앞에서 말씀드렸던 주택 제공 등의 혜택은 모두 빠져 있는 거예요. 대기업 연봉에 비하면 많진 않지만 적지 않은 수준이라고 생각해요. 거기에 군 병원을 이용한다

면 의료비가 저렴해지는 걸 고려했을 때 실질적인 소득이 좀 더 높

다고 보는 게 맞아요.

아래의 표를 참고하면 제일 정확할 거 같아요.

(월지급액, 단위: 원)

지급호봉	소장	준장	대령	중령	소령	대위	중위	소위	준위	원사	상사	중사	하사
1	5,394,500	5,089,100	4,131,400	3,631,600	2,992,000	2,433,600	1,888,000	1,725,400	2,250,400	3,155,800	2,182,700	1,760,500	1,676,200
2	5,527,900	5,221,300	4,270,300	3,770,400	3,127,600	2,561,400	1,995,200	1,827,100	2,357,400	3,256,700	2,279,400	1,851,000	1,704,800
3	5,661,300	5,353,500	4,409,200	3,909,300	3,263,200	2,689,300	2,102,400	1,928,800	2,464,500	3,357,600	2,376,200	1,941,500	1,733,500
4	5,794,700	5,485,600	4,548,200	4,048,100	3,398,800	2,817,100	2,209,500		2,571,500	3,458,500	2,473,000	2,032,000	1,762,100
5	5,928,100	5,617,800	4,687,100	4,186,900	3,534,400	2,945,000	2,316,700		2,678,600	3,559,400	2,569,700	2,122,500	1,790,800
6	6,061,500	5,750,000	4,826,000	4,325,800	3,670,000	3,072,800	2,423,800		2,785,600	3,660,300	2,666,500	2,213,000	1,819,400
7	6,194,900	5,882,200	4,965,000	4,464,600	3,805,600	3,200,600	2,531,000		2,892,700	3,761,200	2,763,200	2,303,500	1,848,100
8	6,328,200	6,014,300	5,103,900	4,603,500	3,941,300	3,328,500			2,999,800	3,862,100	2,860,000	2,394,100	1,876,700
9	6,461,600	6,146,500	5,242,900	4,742,300	4,076,900	3,456,300			3,106,800	3,963,000	2,956,800	2,484,600	1,905,400
10	6,595,000	6,278,700	5,381,800	4,881,100	4,212,500	3,584,200			3,213,900	4,063,900	3,053,500	2,575,100	1,934,100
11	6,728,400	6,410,900	5,520,700	5,020,000	4,348,100	3,712,000			3,320,900	4,164,800	3,150,300	2,665,600	
12	6,861,800	6,543,100	5,659,700	5,158,800	4,483,700	3,839,900			3,428,000	4,265,700	3,247,100	2,756,100	
13	6,995,200	6,675,200	5,798,600	5,297,700	4,619,300				3,535,000	4,366,600	3,343,800	2,846,600	
14			5,937,600	5,436,500	4,754,900				3,642,100	4,467,500	3,440,600	2,937,100	
15			6,076,500	5,575,300					3,749,100	4,568,400	3,537,400	3,027,600	
16									3,856,200		3,634,100	3,118,100	
17									3,963,300		3,730,900	3,208,600	
18									4,070,300		3,827,600	3,299,100	
19									4,177,400		3,924,400	3,389,600	
20									4,284,400			3,480,100	
21									4,391,500			3,570,600	
22									4,498,500			3,661,200	
23									4,605,600				
24									4,712,600				
25									4,819,700				
26									4,926,700				
27									5,033,800				

2021년 봉급표

휴가, 군인 연금에 대해 알려 주세요.

편 휴가는 어떻게 주어지나요?

최 정기 휴가는 1년에 21일이 가능합니다. 이외에 각종 청원 휴가, 공가, 위로 휴가 등이 추가되니까 휴가 기간이 부족하지는 않을 겁니다. 다만, 국가적 상황에 따라 휴가를 못 가는 시기가 있지만요. 주 5일 근무지만 전방 경계부대로 투입되는 경우 365일 근무한다고 볼 수 있죠. 물론 이 기간에도 휴가는 갈 수 있는데 경계부대의 경우는 여러 가지 상황을 고려하다 보면 일반 부대보다 제때 휴가를 못 가는 경우도 있는데 그런 경우에는 별도의 휴가를 보장합니다.

편 군인 연금에 대해 설명해 주세요.

최 군인 연금은 다른 연금과 조금 달라요. 20년 이상 복무하고 상사나 소령으로 전역을 하면 연금 수령 대상자가 됩니다. 정확한 자료를 봐야 알겠지만 보통 공무원들은 60세가 정년이고 교사가 65세 정년이에요. 공무원들의 연금은 퇴직 시점과 상관없이 65세부터 나옵니다. 국민연금도 마찬가지예요. 군인의 경우는 연금 수령 대상자가 20년 복무하고 전역을 하면 바로 그다음 날부터 연금이 나옵니다. 그게 40세가 됐든 41세가 됐든 관계없이 나와요. 젊은 나이에 퇴직을 하면 연금만 가지고 생활할 수는 없겠지만 최소한의 기본적인 수입은 보장이 되는 거죠. 상사, 소령으로 나가면 연금이 한 달에 200만 원 정도 나오는 것 같아요. 그러니까 소득이 단절되는 게 없죠. 이게 제일 좋은 장점인데, 그럼에도 불구하고 일단 국민연금보다는 군인 연금을 받기 위한 기여금을 내는 기간이 훨씬 깁니다. 20년 근무하는 사람도 있지만 저 같이 30년을 넘게 근무하면서 계속 내는 사람도 있어요. 저 같은 경우 요즘에는 매달 80~90만 원 정도 퇴직기여금을 내는 것 같아요. 워낙 긴 시간 동안 적지 않은 퇴직기여금을 내고, 또 국가에서 많은 지원을 해 주니까 개인 수령액이 다른 연금에 비해 상대적으로 많은 것도 사실입니다. 이런 상황에 대해 불만을 표시하는 사람들도 있지만 저를 포함한 일부 군인들은 군인 연금을 혜택이라고 보지 않는 경우도 있어요. 청춘을 남들이 하기 싫은 일, 남들이 가고 싶어 하지 않는 곳에서 자유까지 제한받으며 근무한 것에 대한 정당한 대가라고 생각하거든요.

🅟 맞아요. 늘 위험에 노출되어 있고요.

🅒 그래도 감사한 건 군인 연금에 세금이 많이 들어간다는 기사가 뜰 때, 댓글을 보면 아직까지는 많은 분들이 다른 건 몰라도 군

인 연금만은 건들지 말자고 쓰더라고요. 국민들이 군인들의 노고를 이해해 주는 것 같아요. 제가 이런저런 이유 때문에 군 생활을 조기에 정리하려는 후배들을 보면 연금 수령까지 몇 년 남았냐고 물어봅니다. 그때까지 참을 수 있냐고 물었을 때 힘들겠다고 하면 설득을 해요. 고생스럽겠지만 차라리 부대를 옮겨서 버티라고요. 한 달에 200만 원씩 받으면서 직장을 구하러 다니면 최소한 가족을 굶기지는 않잖아요. 한 달에 400만 원이 필요하다면, 200만 원만 더 받는 직업을 구하는 게 선택지가 넓어요. 200만 원의 연금 소득이 없으면 400만 원의 월급을 주는 직장을 구해야 하는데 쉽지 않겠죠. 연금 받고 나갈 수 있도록 조금만 참으라고 말려요. 대부분의 후배들이 받아들이더라고요.

편 저희 시아버지도 직업군인이셨는데, 결혼하고 다 같이 첫 추석을 맞이했을 때 어머님께서 아버님과 명절을 같이 보낸 적이 거의 없었다고 하시더라고요.

최 저도 30년 넘게 군 생활하면서 추석 때 집에 간 게 열 번이 안 돼요. 올해는 집에 몇 번 내려갔더니 어머니와 장모님이 놀라시더라고요. 왜 이렇게 자주 오냐고요. 안 하던 짓을 하니까 오히려 불안하신 모양이에요.^^

일과가 궁금해요.

편 직업군인의 일과를 자세하게 들려주세요.

최 군인의 일과는 현재 근무 중인 부대, 계급, 상황에 따라 다를 수 있습니다. 일단 제 개인적인 일과를 얘기하고 전방 부대 하사, 중사 등 부사관들의 표준 일과를 말씀드리겠습니다.

제 일과입니다.

◈ 06:00~07:00 기상과 운동

5시 30분에 일어나서 6시부터 한 시간 정도 아침 운동을 합니다. 생도 시절부터의 습관이기도 하고, 중간에 빠질 때도 있지만 가능하면 아침에 운동을 합니다. 유일하게 아무에게도 침해받지 않는 시간이고, 군인에게 체력 단련은 선택이 아니고 의무라고 생각하기 때문입니다.

◈ 07:30~08:30 출근과 독서

보통 7시 30분쯤 출근을 합니다. 요즘 직주근접이라고 하죠? 보통의 경우 군인 아파트나 숙소가 부대 근처에 있기 때문에 많은 시간이 걸리지는 않습니다. 출근 후 하루 일과를 재확인하고 To-Do List를 작성한 후 가급적 30분 동안 독서 시간을 가집니다.

◈ 08:30~11:50 오전 일과

저는 현재 교육사령부에서 군인들을 위한 교과서인 교범을 작성하는 일을 하고 있습니다. 그래서 관련된 주제를 가지고 토의하고 회의에 참석하는 등 업무를 수행합니다.

◈ 11:50~13:00 점심시간

요즘은 건강을 위해 도시락을 가지고 다니지만 보통 부대 내 간부 식당에서 밥을 먹거나 손님이 올 때에는 근처 식당에 나가서 먹을 때도 있습니다.

◈ 13:00~15:50 오후 일과

오후 일과는 오전 일과와 비슷하게 진행됩니다. 바쁜 날은 정신없고 어떤 날은 오후에 여유가 있습니다.

◈ 16:00~17:00 체력 단련

이 시간이 아마 다른 직장인들과 가장 다른 부분일 겁니다. 의무적으로 운동을 해야 하니까요. 이 시간에는 보통 부대 안을 뛰거나 걷습니다. 부서원들과 같이 운동하거나 개인적으로 운동을 하는데 대부분의 경우 1년에 한 번씩 하는 체력 측정에 대비해서 3km 달리기, 윗몸 일으키기, 팔굽혀펴기 세 종목을 집중적으로 합니다.

◈ 17:30~19:30 가족 시간

퇴근 후 가족들과 같이 식사를 하거나 쉬는 시간을 갖습니다. 사실 이 시간이 온 가족이 모이는 유일한 시간입니다.

◈ 19:30~21:30 개인 시간

요즘은 책을 읽거나 자료를 정리하고 관심 있는 분야의 인터넷 강의를 수강합니다. 코로나 유행 이전에는 이 시간에 집 근처 피트니스클럽에서 근력 운동을 했어요. 코로나 상황이 어느 정도 안정되면 며칠은 운동하고 일주일에 하루 이틀 정도는 기타 학원을 다닐 계획이에요. 기타 치는 것이 평생소원 중하나거든요.

✦ 22:30~23:00 취침

보통 이 시간에 잠자리에 듭니다. 저녁과 밤 시간도 적절히 활용하되 다음 날 아침 일찍 시작되는 새로운 생활습관을 지속하려면 이 시간에는 잠자리에 들어야겠더라고요.

[야전부대 초급 부사관의 표준 일과]

✦ 07:30~08:20 출근

대부분 이 시간에 출근을 합니다. 개인 차량을 이용하거나 대부분 부대에서 제공하는 출퇴근 버스를 이용합니다.

✦ 08:30~09:00 점검 및 회의

분대장이나 부소대장 보직을 주로 수행하기 때문에 출근과 동시에 해당 분대원이나 소대원들이 밤사이 특별한 이상이 없는지 확인하고, 그날 수행해야 할 과업을 확인합니다. 그리고 부대에 따라서 이 시간에 전 부대원이 모여서 일과 회의를 합니다.

◈ 09:00~11:50 오전 과업

주로 교육 훈련을 하는데 간부들은 교관이나 조교의 역할을 수행하거나 전술 훈련 시 자신의 보직상 임무를 수행합니다. 그리고 수시로 간부들만 따로 모여서 간부 교육을 받기고 하고, 일부 간부는 부대 관리를 위해 필요한 작업을 합니다.

◈ 11:50~13:00 점심시간

대부분 부대 내 병영 식당에서 식사를 합니다. 요즘 전방 부대는 간부 식당을 별도로 운영하지는 않고 병사들과 병영 식당에서 같이 식사합니다.

◈ 13:00~15:50 오후 과업

오후 교육 훈련이나 과업을 수행합니다.

◈ 16:00~17:00 체력 단련

보통 야전부대에서는 소대, 중대 단위로 체력 단련을 하는데 달리기 등 체력 측정 준비와 함께 군인 특성을 고려해서 만든 전투형 체력 단련 종목을 주로 실시합니다.

◈ 17:00~17:30 정리

당일 해당 분대원이나 소대원 중 개인적인 고충이 있는 병사를 면담, 관찰한 내용을 정리하거나, 교관 임무 수행한 과목의 교육 결과를 정리합니다. 이 업무가 가장 중요하고 시간이 많이 걸립니다. 초급 간부들이 야근을 하는 경우가 대부분 이 업무 때문입니다.

◈ 17:30~18:30 퇴근

퇴근 후에는 각자 개인적인 시간을 보내는데 요즘은 휴식을 위해서 게임을 하는 간부들이 많아요. 일부 간부들은 학점은행이나 사이버대학을 수강하는 등 개인의 발전을 위한 노력하는 경우가 많습니다.

훌륭한 직업군인이 되기 위해서
무엇부터 시작할까요?

편 이 책을 읽는 청소년들이 훌륭한 직업군인이 되기 위해서 무엇부터 시작하면 좋을까요?

최 훌륭한 군인이 되기 위해서는 세 가지 요소를 가져야 해요. 학술적으로도 그렇고 육군에서도 요구하는 세 가지 정도의 자질이 있습니다.

첫 번째가 인품입니다. 올바른 인성과 책임감을 강조해요. 이 두 가지는 군대뿐만 아니라 어느 조직에나 중요한 요소예요. 사실 직장 생활하면서 업무 스트레스보다는 사람 스트레스가 심하잖아요. 나로 인해서 다른 사람이 행복해야지 나 때문에 스트레스 받고 불행해지면 안 되죠.

두 번째는 전문성이에요. 자기 직책, 계급, 병과에 맞는 군사 전문성을 갖춰야 해요. 계속 공부하고 전투 기술을 연마해야 하고 군인다운 투지를 갖추기 위해 체력 단련도 게을리하면 안 됩니다. 사람들이 〈강철부대〉를 보고 그런 건지는 모르겠지만 군인에 대해 갖는 고정관념이 있어요. 강인함을 단련해서 군에 대한 이미지에 부응하는 것도 중요합니다. 사실 군대 와서 공부도 안 하고 자기 노력을 안 하는 사람들이 있어요. 그러면 후배가 먼저 진급하거나 중요한 자리에 가게 되고 결국 자기는 도태됩니다.

세 번째는 헌신과 솔선수범이에요. 군인이라는 직업 자체가 사랑하는 사람 또 반드시 지켜야 할 소중한 가치를 위해서 자신을 헌신하는 일이에요. 제가 미군과 근무할 때 그들이 받는 훈장과 표창장의 문구를 봤는데 항상 들어가는 단어가 두 개 있어요. 헌신Dedication과 희생Sacrifice이죠. 미군이 받는 제일 영광스러운 훈장을 명예훈장이라고 하는데 그 훈장을 받는 사람들을 보면 용감하게 싸워서 적을 많이 죽인 사람이 아니라 죽음을 무릅쓰고 다친 동료를 구해온 사람 또는 다친 동료를 구하다가 본인이 부상을 당하거나 죽은 사람들이 더 많아요. 우리 국군의 강재구 소령님처럼 날아오는 수류탄을 자기 몸으로 덮어서 자기는 죽더라도 다른 동료를 구했던 희생과 헌신의 정신을 몸으로 실천한 군인들에게 미국 최고의 훈장을 수여하는 것이죠.

세 가지 덕목 즉 책임감을 가진 훌륭한 인성, 군사적 전문성, 헌신과 희생정신이 훌륭한 군인이 되기 위해 갖춰야 할 중요한 자질이라고 생각해요. 사실 인성은 하루아침에 갖출 수 있는 게 아니잖아요. 지금부터 주변 사람들과 잘 지내면서 내가 먼저 양보하고

대전 단축마라톤 대회 완주 후

	팔굽혀펴기	윗몸일으키기	3km 달리기	종합등급
결과	6/회(특급)	72회(특급)	13분17초(특급)	특급
확인				
확인			035	055
서명				
결과	회(급)	회(급)	분 초(급)	급
확인				
인				

육군 대령의 체력검정 결과

주말에도 운동은 쉬지 않는다.

다른 사람을 배려하는 행동을 실천하면 충분히 연마할 수 있다고 생각해요. 긴 시간 동안 노력해야죠. 군사적 전문성은 본인의 노력 여하에 따라서 얼마든지 단기간에 확보할 수 있어요. 제가 부대에서 군 생활할 때 부하들이나 동료들에게 늘 하는 얘기가 있어요.

"국가에서 돈까지 주면서 운동시키는 직업이 두 개가 있다. 하나는 국가대표 선수들이고 또 하나가 군인이다. 대한민국에서 국가대표 선수 빼고 돈 받으면서 운동하는 직업이 우리 말고 누가 있나. 체력 단련은 군인에게 선택 사항이 아니라 의무다. 밥값 하자."

추천하고 싶은 운동이 있나요?

편 혹시 직업군인을 꿈꾸는 학생들에게 추천해 주고 싶은 운동이 있나요?

최 제가 지휘관 시절에 우리 부대 병사들을 선발할 때 특별히 변별할 게 없으면 첫 번째 하는 질문이 그거예요.

"축구 좋아하는 사람? 축구 잘하는 사람?"

저는 개인적으로 축구를 잘한다는 건 조직 활동을 잘하는 능력이 있다는 것으로 받아들여요. 축구는 후보 선수도 해야 하고 물도 떠와야 하고 수건도 날라줘야 하죠. 다른 사람들을 위해서 뭔가를 해야 하고 하기 싫은 궂은일도 해야 하기 때문이에요. 군대에서 축구를 열심히 하는 게 이런 배경이 있어서가 아닐까 생각합니다. 몇 년 전에 제 동기생들인 50세 넘은 장군들과 대령들이 땡볕에서 축구하고 짜장면을 시켜 먹는데 출장 때문에 지나가면서 보니까 정말 흐뭇하면서도 웃기더라고요. 예비역들이 군대에서 축구 한 얘기를 많이 하는 건 다 이유가 있는 겁니다.

편 예전에 고등학교 선생님을 인터뷰했는데 운동을 잘하는 애들이 체력이 좋아서 공부도 잘한다고 하시더라고요.

스트레스는 어떻게 해소하세요?

편 스트레스는 어떻게 해소하세요?

최 다른 사람들과 똑같아요. 저는 개인적으로 달리기를 통해서 땀을 냅니다. 생도 때부터 길러진 습관인 것 같은데 몸과 마음이 힘들 때 뛰어서 땀을 내면 많이 좋아지더라고요. 지금은 제 방에 캠핑 의자가 있어요. 캠핑 의자에 앉아서 커피 한 잔 마시면서 클래식이나 재즈 음악을 아무 생각 없이 그냥 듣고만 있습니다. 멍 때리는 거죠. 일종의 명상을 해요.

편 젊은 분들은 게임도 많이 하나요?

최 전부 다 해요. 퇴근하고 독신 숙소에서 게임만 하는 친구도 봤어요. 게임을 안 하고 운동이나 등산, 낚시를 하는 친구들이 오히려 특이해 보여요.

직업병이 있을까요?

편 직업군인의 직업병이 있을까요?

최 의학적인 질환이라고 부르는 직업병은 첫 번째 무좀이에요. 열 시간 이상 군화를 신어야 해서 무좀이 제일 흔하죠. 두 번째는 무릎 관절병이에요. 많이 뛰니까 연골이 얇아지죠. 전차에 올라갔다가 내려올 때 원래는 손잡이를 잡아야 하는데 대부분은 그냥 뛰어내려요. 그러다 보니까 무릎 쪽에 충격이 많이 가서 통증이 있죠.

저희들은 전차로 포를 쏘니까 청력이 많이 떨어져요. 집에서 TV를 볼 때 볼륨을 계속 높이니까 가족들이 짜증을 내요. 나이대별로 들리는 주파수가 있다고 하는데 저는 못 들어요. 잘 안 들리니까 목소리도 커지고요. 제가 아는 공군 장군님 사모님이 해외여행만 가면 창피하대요. 호텔 문을 여는 순간부터 모든 스위치를 눌러보는 거죠. 이 분이 공군 조종사 출신이거든요. 비행기에 타면 조종사들이 제일 먼저 하는 게 붙어 있는 모든 스위치를 다 조작해 보고 체크하는 것이거든요. 평생 그 행동을 하다 보니까 전역하고 예순이 넘었는데도 낯선 곳에 가면 모든 스위치를 다 눌러보는 거예요. 몇 번을 얘기해도 안 고쳐진대요.

저도 비슷한 게 있어요. 육군사관학교에 입학하기 전에 군사훈련을 4~5주 받는데 첫날 배우는 게 사복을 벗고 전투복 바지를 입을 때 왼발부터 넣어야 된대요. 옆에 있는 사람과 같이 환복을 할 때 부딪치면 안 되니까 약속을 정해서 모두 왼발부터 입는 거죠. 저는 그 이후로 지금까지 오른발부터 바지를 입어본 적이 없어요. 그런데 우리 아들이 초등학교 1학년 때 오른발부터 바지를 입는 거예요. 왼발부터 넣으라고 했더니 그걸 본 지인이 어이없어하더라고요.

책꽂이도 크기 순, 두께 순, 왼쪽부터 오른쪽으로 정리하죠. 사실 아이들 방에 안 들어간 지 몇 년 됐어요. 일정한 규칙대로 안 되어 있으면 불안하더라고요. 요즘은 일부러 거꾸로 놓으려고 하는 경우도 있어요. 어떤 정신과 의사가 쓴 책에 나와 있는데 규칙에 얽매이는 것도 일종의 강박이기 때문에 일부러 그 규칙을 놓쳐보래요. 규칙을 어겨도 아무 일이 일어나지 않는다는 걸 느껴보라고 해서 일부러 노력하죠.

대령님의 멘토는 누구인가요?

편 대령님의 멘토는 누구인가요?

최 말레이시아 지휘참모대학에 갔을 때 제가 민간 아파트에 살았거든요. 말레이시아 쿠알라룸푸르에 가면 암팡이라는 코리아타운이 있어요. 제 인생의 멘토는 그때 같은 아파트 옆 동에 사셨던 사업가인데, 그분을 통해서 제 인생에 대한 생각이 많이 바뀌었어요. 지금도 꾸준히 교류하고 있죠. 아까 바지 입는 순서를 아이에게 강요하는 걸 보면서 황당해하셨다는 분이 이분이에요. 제가 아이를 혼내니까

"최 소령은 이 나이 때 그렇게 했나? 당신은 못 했는데 왜 아들한테는 그렇게 하라고 하나?"

알고 보니 본인도 그렇게 하셨대요. 첫째한테 엄청 엄하게 하신 거죠. 그런데 늦둥이 막내가 태어나서 키워보니 실수까지도 전부 귀엽더래요. 그때 첫째한테 잘못했다는 걸 느끼셨대요. 그분의 막내보다 저희 첫째가 더 어리니까 좋은 말씀을 해 주셔서 많이 배웠어요.

말레이시아 지참대 시절 호주, 쿠웨이트 동료와 함께

말레이시아 지참대 시절 동료와 함께

평소에 존경하는 군인이 있나요?

편 평소에 존경하는 군인이 있나요?

최 제2차 세계대전 때 미국의 기갑부대를 지휘했던 패튼Gen. G. Patton 장군이 있어요. 비록 돌아가셨지만, 이분을 저의 군 생활 멘토로 생각하고 있습니다. 유명한 분이에요. 욕 잘하고 '욱'해서 한두 번 병사들을 때리기도 했고요. 패튼 장군 사진은 제 사무실 어딘가에 항상 조그맣게 놓여 있죠. 패튼 장군을 표현한 말들이 많이 있는데 제가 가장 마음에 들어 하는 표현은 '천부적인 전쟁 능력을 지닌 단세포 지휘관'이에요. 본인 스스로 자기가 과거에 시저였던 것 같다고 말하는 등 아주 악동이에요. 전쟁 기간 중 병사들이 전쟁 공포에 질려 있으면 욕하고 때려서 보직 해임까지 당했었죠. 그러면서도 대담하고 공격적인 지휘관이에요. 미군의 상급자들은 부담스러워했고, 독일군의 장군들은 제일 두려워했고 또 부하들은 제일 좋아했던 장군이에요.

편 부하들은 그 장군의 어떤 걸 좋아했던 거예요?

최 '저 사람과 같이 싸우면 최소한 죽지는 않겠구나.'라는 확신을

최전선을 시찰 중인 패튼 장군

주었죠. 패튼 장군이 욕을 섞어서 연설을 했는데 그걸 본 어떤 부하가 한 말이 있어요.

"그와 함께라면 지옥에 갔다 와도 괜찮을 것 같다."

전쟁터에서 부하를 죽지 않게 않는 지휘관보다 훌륭한 지휘관은 없어요. 말을 직설적으로 해요. 예를 들어 누군가

"국가를 위해서 목숨을 걸고 헌신하겠다. 죽어서 충성을 다하겠다."라고 말하면

"우리의 죽음으로 조국을 승리하게 하지 말고, 다른 멍청한 놈

들이 자기 나라를 위해서 죽게 만들어라. 왜 네가 죽으려고 하냐."

멋있고 고상하게 말할 수도 있지만 병사들은 대놓고 얘기해야 정확히 이해하잖아요. 패튼 장군이 했던 말 중에 제가 좋아하는 말은

"양으로 100년을 사느니 단 하루를 살더라도 사자로 살고 싶다."입니다.

군인답게 살다가 생을 마친 진짜 군인이에요. 남들은 험악한 전쟁광이라고 얘기하지만 이 사람이 지휘했던 전광석화 같았던 전투의 결과 때문에 미군과 독일군의 희생자 숫자를 많이 줄일 수 있었을 겁니다. 전쟁을 빨리 끝내기 위해 적이 예상했던 것보다 훨씬 더 대담하고 신속하게 공격을 하니까 독일군도 어쩔 수 없이 항복해서 희생자가 적었고, 미군들도 조기에 목표를 점령할 수 있었으니까 사상자가 적었던 것이죠.

이직하면 무슨 일을 할 수 있을까요?

📭 직업군인을 하다가 이직하면 무슨 일을 할 수 있을까요? 이직을 하는 경우가 많이 있나요?

📭 특별한 개인 사정이 있는 경우를 빼고는 중간에 전역을 하는 사람이 많지 않아요. 군인들은 계급별 정년이 있어서 사회보다는 정년이 좀 빨라요. 소령은 45세, 중령이 53세, 대령이 56세 정도 되죠. 이분들이 20년 이상 군 생활을 하고 전역을 준비하는 시기가 되면 짧게는 6개월에서 길게는 1년 정도의 전직 지원 기간을 줘요. 이 기간에는 다른 직업을 구하는 데 필요한 학원비 등을 지원해 주죠. 부대에는 출근하지 않고 전직을 위한 교육을 받으러 학원을 다니는데 학원비는 국가에서 지원해 줘요. 많은 간부들은 가급적이면 군과 관련된 일을 하려고 해요. 군인이라는 직업이 다른 직업과 연관되는 게 많지는 않아요. 요즘은 장교(소령급)로 나간 분들이 예비군 훈련과 관련된 5~7급 군무원으로 일하더라고요. 부사관들도 예비군 훈련과 관련된 일이나 각 대학교에 있는 학군단 예비역 교관이나 행정관으로 가고요. 최근에는 군에서 현역이 했던 일을 군무원으로 대체하는 경우가 많아지고 있어요. 그래서 해당 군무원

을 뽑을 때 일반 행정직으로 뽑는 게 아니라 고용 즉시 그 업무를 할 수 있는 현역 출신들을 계약직으로 뽑아요. 5년 단위 계약을 하거나 더 연장할 수도 있어요. 요즘은 경력직 군무원을 뽑는 공고가 많아서 그쪽으로 취업하는 분들이 많더라고요. 선진국은 이런 경우가 많거든요. 저도 관심 있어서 알아봤더니 프랑스는 군무원을 군 출신들로 우선 충당을 하고 미군들도 우리 같이 연금 수혜자 정도가 되면 사법기관이나 경찰 쪽에서 우대를 하더라고요. 제가 연합사에 근무할 때 미군 중령이 자기는 전역하면 하와이에서 살 거래요. 군인 연금으로 하와이에서 살 수 있냐니까 사법기관에 취직하기로 했대요. 미국은 원서를 내서 일정 기준만 통과하면 어렵지 않게 취업할 수 있다고 하더라고요. 우리나라도 그런 방향으로 가고 있는 것 같아요.

중간에 전직하는 부사관들 중 특전사의 특수전부사관이나 군사경찰 등 특수부대 출신들은 경찰특공대, 해경특공대, 소방공무원 등으로 많이 이직하더라고요. 처음부터 그쪽으로 진출하기 위해서 특수부대로 온 거죠. 특수부대 출신들을 우대해 주거든요. 경찰특공대, 해경특공대는 바로 위험한 업무에 투입이 되어야 해요. 소방관도 비슷하고요. 이 사람들이 아예 특전사를 가서 거기에 맞는 능력을 구비한 다음 5년 복무하고 바로 원하던 분야로 진출하는 거죠. 군에서 걱정할 정도로 그런 인력이 많아요. 아깝죠. 우리가 힘들게 키워놓은 인재가 유출되는 거니까요. 그런데 저는 어차피 그 사람들이 국가에서 필요한 기관으로 가는 거니까 긍정적으로 보고 있어요. 그게 아까우면 군에서 그 사람들에 대한 대우를 잘해 주면 되죠. 그리고 헬기 조종은 대한민국에서 그런 능력을 키울 수 있는 유일한 조직이 군대니까 그분들이 전역하면 소방 헬기, 경찰 헬기, 다른 민간 헬기 회사로 이직해요. 정비사를 하던 분들도 마찬가지고요. 대한민국에서 헬기를 몰고 다니는 분들은 대부분 육군이나 공군, 해군에서 헬기를 조종하던 분들이에요.

📧 직업군인 출신이면 우대받을 수 있는 것들이 많네요.
📧 대한민국에 인력풀이 크지는 않지만 꼭 필요한 직업들이죠.

📧 우대를 해줄 수밖에 없네요. 차별이 아니에요.
📧 선택의 여지가 없어요. 그분들밖에 없어요. 예전에는 아랍에 미리트가 부유하니까 좋은 헬기가 많은데 몰 수 있는 사람이 없었던 거예요. 한국군이 우수하니까 높은 월급과 좋은 복지 혜택을 받으면서 일정 기간 몰아 달라는 요청이 있어서 해외에 나갔던 분들도 있었어요.

군대와 직업군인은 앞으로 어떻게 변화할까요?

[편] 군대와 직업군인은 앞으로 어떻게 변화할까요?

[최] 군대는 이미 변하고 있어요. 영화나 드라마 속에서 세계 최첨단을 달리고 있는 미군들이 싸우는 방식을 보면서 '저렇게 군대가 변해가겠구나.'라고 생각해요. 군대는 분명히 병력 수는 줄어들 거예요. 그렇다고 사람은 극소수만 남고 기계나 드론만으로 군대가 구성되지는 않을 거예요. 우리의 상상처럼 군인은 몇 명 안 되고 기계들만 싸우는 세상은 오지 않을 거예요. 영화를 보면 미래가 어떻게 변할지 알 수 있어요. 세상은 사람이 상상할 수 있는 만큼만 변하죠. 공상 과학 영화를 보면 앞에서는 기계가 싸우지만 뒤에 보면 반드시 사람이 있잖아요. 마지막에 최종적으로 승부를 겨루는 것은 결국 사람들이죠. 지금 인간이 상상할 수 있는 미래 군대의 모습은 이 정도예요.

하늘에서는 무인 드론이 날아다니면서 적을 감시하고 정찰하다가 필요하면 미사일을 쏘거나 폭탄을 떨어뜨리겠죠. 사람이 타지 않은 무인 전투기나 드론도 날아다니겠지만 그런 무인기들을 지휘하기 위한 유인기도 존재할 것이고, 사람이 전투 현장의 비행기 안에 없더라도 후방의 무인기 조종실에서는 숙련된 지상 조종사들이 수많은 비행체들을 조종하고 있을 겁니다. 땅에서 로봇이 전쟁한다고 해도 그 로봇을 지휘하는 사람은 어딘가에 있어야 되죠. 한 사람이 로봇 100대, 천 대를 지휘할 수는 없어요. 사람 한 명이 리더십을 잘 발휘할 수 있는 구성원이 열 명 정도래요. 그래서 군대도 분대를 약 열 명으로 잡거든요. '던바의 법칙'이라고 있는데 중대가 150명 정도 되는 이유가 150이라는 숫자가 통계학적으로 봤을 때 인간이 효과적으로 통제할 수 있는 최대의 숫자라는 거죠. 그걸 넘어가면 통제가 불가능해지거나 자생적으로 갈라진대요.

미래의 군대는 어떤 모습일까요? 미국 영화를 보면 네이비 실 Navy SEALs이라고 나와요. 아주 중요한 작전에 투입되는 특수부대인데, 이 실 팀은 몇 명이 안 돼요. 한 개 팀이 다섯 명 정도 될까요? 미국 군인들 중에 가장 뛰어난 체력과 전투력을 가진 용감한 군인들이죠. 그런데 그 사람들이 작전에 투입될 때는 하늘에 첩보 위성이나 드론이 떠 있거나 공군기가 있어서 그 사람들에게 끊임없이 정보를 줘요.

"적군 몇 명이 어디에서 어디로 이동한다."

통신이 끊이지 않도록 통신 지원을 다 하고 있어요. 갑자기 예상하지 못했던 대규모 적군이 나타날 것에 대비해서 하늘이나 바다에는 미사일을 쏴서 그들을 지원해 줄 수 있는 비행기나 드론, 군함이나 잠수함이 준비 상태를 유지하고 있고요. 그 사람들은 최첨단 무기와 전투용 장구류로 무장한 채 적들이 자고 있거나 자리를 비웠을 때 그 틈을 이용해서 최대한 신속하게 작전을 수행하고 나와요. 제가 드리고 싶은 말씀은 미래에는 최첨단 장비의 지원을 받는 소수의 강인한 군인들이 전투를 수행할 거예요. 앞으로 군인들은 두 그룹으로 나눠질 거예요. 전자 장비를 다루는데 뛰어난 능력을 갖고 있는 전문가 그룹, 그 사람들의 지원을 받아서 소규모, 소수 정예로 직접 전투 임무를 수행하는 강인한 군인들. 이렇게 두 부류가 남을 거 같아요. 지금처럼 밥을 하거나 지원 업무를 하는 사람들은 앞에서 말씀드렸던 민간군사기업에 아웃소싱하는 형태의 군대가 될 거 같아요. 그러면 군인에게 점점 더 높은 수준의 능력과 자질을 요구하겠죠. 지금 군대에 있는 사람은 그 기준에 맞추기 위해 더 노력을 해야 하고 앞으로 직업군인이 되고 싶은 사람들은 군대에서 요구하는 전문성을 제대로 쌓아야죠. 점점 직업군인이 되는 게 어려워지지 않을까요? 군인은 인간이 지구에 살고 있는 한 절대로 없어질 수 없는 조직이에요. 군대의 역사는 인간의 탄생과 동시에 시작됐어요.

미래 4차 산업혁명으로 최첨단 시대가 되어도 직업군인이 없어지는 세상은 오지 않을 거예요. 다만 지금보다 소수 정예로 가겠죠. 더 강력한 능력과 전문성을 가진 소수의 군인들이 생존하게 될 거예요. 학력은 크게 상관없어요. 가장 뛰어난 해커는 초등학생이나 중학생인 경우도 많잖아요. 〈강철부대〉에 나오는 우리나라 특수부대 사람들이 다 공부를 열심히 했거나 성적이 좋았던 사람들도 아니고요. 그 사람들은 부대가 요구하는 체력적 요건, 전투 기술 면에서 최고 수준인 거죠. 군대에는 그런 사람이 필요해요. 이것도 어느 정도 하고 저것도 어느 수준까지 해서 평균 점수가 높은 사람이 아니라 특정 분야에서 압도적으로 뛰어난 사람이요. 군대에서 요구하는 몇 가지를 최고의 점수로 통과하는 게 중요해요. 특정한 분야에서 뛰어난 인재가 앞으로 중요해질 거예요.

직업군인이
되는 방법

직업군인이 되는 시험이나 과정이 있나요?

편 직업군인이 되는 시험이나 과정이 있나요?

최 장교가 되는 과정은 최소한의 교육 기간이 필요해요. 육군사관학교를 4년 다니고 소위로 임관하는 방법도 있고, 영천에 3사관학교가 있는데 4년제 대학을 2년 이상 다니거나 2년제 대학을 수료한 사람이 입학을 해서 2년 더 교육을 받은 후에 소위로 임관합니다. ROTC라고 부르는 학군사관은 4년 동안 대학 생활하면서 겨울이나 여름에 있는 군사 학기에 기초 군사훈련을 받고 대학을 졸업하면 소위로 임관하죠. 또 학사사관이라고 해서 대학생이 군에서 주는 장학금을 받고 학교에 다니면서 졸업하면 시험을 봐서 장교가 되는 방법도 있어요. 그리고 전문사관이라고 해서 군의관, 간호장교, 수의사, 회계사처럼 난이도가 높은 국가 자격증을 딴 사람들을 장교로 임관시키는 경우가 있어요. 로스쿨에서 변호사 자격증을 딴 사람들을 법무관으로 뽑아야 하니까 이 사람들에게 일정한 교육을 시킨 후에 중위로 임관시키죠. 부사관으로 생활을 하던 사람 중에 일정한 자격 요건을 갖춘 사람이 시험을 거쳐서 장교로 임관하는 단기간부사관도 있어요.

편 다 시험이 있네요. 어렵진 않나요?

최 사관학교에 입학하기 위한 시험은 성적이 꽤 좋아야 합니다. 어느 정도 수준인지는 매년 조금씩 달라지고 아마 고등학생들이 가장 잘 알 거예요. 그리고 성적만으로 선발하는 것이 아닙니다. 면접이나 체력검정 등 다른 대학에서는 하지 않는 평가 요소들이 상당히 중요하니까 준비를 많이 해야 할 겁니다. 부사관의 경우 1년에 두 번의 선발 시험을 봐요. 전반기에 한 번, 후반기에 한 번 보고 남자 부사관, 여자 부사관 똑같아요. 필기평가, 체력검정, 면접 등의 시험을 봅니다. 인성 검사도 하고요.

시험 공고부터 채용까지 얼마나 걸리나요?

편 시험 공고부터 채용까지 몇 개월 정도 걸리나요?

최 약 4~5개월 정도 걸려요. 매년 군의 인력 소요가 달라지기 때문에 선발 인원이 조금씩 다르지만 장교는 연 6,000여 명을 모집합니다. 그중 육사생도 300여 명, 3사관생도 500여 명, 학군장교 3,000여 명, 학사장교 700여 명, 법무관 같은 전문사관 160여 명, 단기간부사관 100여 명을 선발합니다.

부사관의 경우 1년에 만 명 정도 선발하는데, 그중 현역에서 전환하는 전문하사와 현역부사관 6,000여 명, 특전부사관 1,200여 명, 군 장학생 700여 명 외에 민간에서 선발하는 인원은 매년 남군 1,700여 명, 여군 300여 명입니다. 이들의 경우 전문하사와 현역부사관을 제외하면 특전부사관의 체력 기준 등 일부 특수한 경우를 제외하고는 시험 절차는 다 동일합니다.

편 모집 공고는 어디에서 확인하나요?

최 군의 모집 공고는 육군 모집 홈페이지, 모바일, 카카오톡, 인스타그램에서 다 확인 가능해요. 이번에 확인해 보니까 민간 출판사에서 이미 부사관 시험 기출문제집을 판매하고 있더라고요. 어떤 친구는 5개월 정도 공부하고 합격했대요. 마음먹고 공부하면 필기시험이 어렵지 않아요.

카카오톡 육군모집 홈 화면

청소년기에 어떻게 준비할까요?

📧 청소년기에 구체적으로 어떤 노력을 하면 좋을까요?

📧 앞에서 말씀드린 것처럼 친구들과 잘 지내야 됩니다. 친구들과 두루두루 사귀어야 희생, 봉사, 헌신 등을 연마할 수 있어요. 정말 중요한 건 독서하는 습관이에요. 군대에 오면 공부를 안 한다고 생각하는데 천만의 말씀이에요. 시험도 정말 많고, 시험 하나하나가 인생을 좌우해요. 예를 들어서 하사로 선발이 되면 초급 리더 과정이라고 부사관학교나 각 병과학교에서 일정 기간 교육을 받아요. 부사관에 선발됐다고 기분이 좋아서 그 기간 중 공부를 안 하고 성적을 엉망으로 받으면 2~3년 뒤 장기 복무 선발 시 땅을 치고 후회하게 됩니다. 군에서 공식적으로 받는 모든 교육의 성적은 장기 복무 심사나 진급 선발 시 모두 반영됩니다. 공부하는 습관, 독서하는 습관이 자기의 군 생활과 인생을 좌우할 수 있다는 걸 잘 모르더라고요. 책 읽는 습관이 안 되어 있으면 공부를 당연히 못하죠.

　책 읽는 습관은 정말 중요해요. 왜냐하면 군에 들어와도 각종 문서를 계속 읽어야 하고 문서로 된 명령, 교범을 해석할 수 있어야 해요. 문해력이라고 하죠. 군대에서 쓰는 문장들은 아주 간결해요.

미사여구를 다 빼고 함축적으로 쓰기 때문에 문해력이 없으면 잘 못 이해하거나 아예 글을 이해 못 할 수도 있어요. 책 읽는 습관이 안 되어 있으면 본인이 괴로울 것 같아요. 핵심만 쓰기 때문에 친절한 문장이 거의 없어요. 어떤 책이라도 좋으니까 책 읽는 습관을 꼭 몸에 익히세요.

편 독서하는 습관은 어떻게 익히면 좋을까요?

최 군대 관련된 책이 아니어도 좋으니까 술술 넘어가는 쉬운 책부터 시작하세요. 처음에는 페이지가 잘 넘어가는 소설을 읽고 점점 내용이 깊은 책으로 발전해 나가는 거죠. 머릿속에 지식을 쌓는 건 훈련이 필요해요.

운동도 주기적으로 해야 돼요. 계속 안 하다가 하루에 몰아치기 하는 거 말고요. 하루에 한 시간, 이틀에 한 시간이라도 시간을 정해놓고 꾸준히 운동하는 게 중요해요. 제가 운동을 해봐서 알지만 매일 꾸준히 해야 체력에 도움이 되지, 몰아치기로 한 번에 하면 힘만 빠져요. 군대에 오면 거의 매일 뛰고 운동을 해요. 잘 해내려면 개인적으로도 운동하는 습관이 되어 있어야 해요.

체력 테스트를 어떻게 받나요?

편 직업군인은 체력 테스트를 어떻게 받나요?

최 급수가 있어요. 특급, 1급, 2급, 3급 이렇게 있는데, 3급까지는 통과가 되지만 3급 이하로 떨어지면 군 생활을 그만둬야 할 수도 있어요. 이웃 국가의 예를 보면 특급이 없고 1급이 제일 상위 등급입니다. 자위대 1급과 우리의 특급을 비교하면 자위대 1급이 훨씬 종목도 다양하고 기준도 높아요. 미군들의 체력 기준이야 더 말할 것도 없고요. 본인이 신체적인 결함으로 특정한 종목을 잘 못할 수는 있어요. 허리가 아프면 윗몸 일으키기를 못하잖아요. 그런 게 아니면 특급을 받아야 돼요. 선발 심의에 들어가 보면 하사, 중사, 소위, 중위는 일단 1급과 특급만 남기고 거의 대부분 대상에서 제외해요. 왜냐하면 초급 간부 자질 중 체력이 가장 중요한 요소라는데 심의위원 대다수가 동의하는 분위기고 특급, 1급만 해도 인원이 많거든요. 대상자 백 명 중에 다섯 명을 선발할 때 특급, 1급만 남겼는데 열 명이 남았다면 당연히 특급부터 보겠죠.

직업군인이 되기 위한 체력검정 기준이 궁금해요.

편 직업군인이 되기 위한 체력검정 기준이 궁금해요.

최 얼마 전까지는 선발 시험을 주관하는 부대에서 별도의 체력검정을 실시했어요. 군에서 매년 측정하는 세 개 종목이었는데 요즘은 '국민체력100'이라고 외부 민간 기관에서 실시하는 체력 인증 결과를 제출하면 됩니다.

세부 기준은 다음 표를 보시면 됩니다.

❋ 남자(19~24세)

	근력	상대악력(%)	51.8
건강체력항목	근지구력	교차윗몸일으키기(회)	42
	심폐지구력 (택1)	20m왕복오래달리기(회)	41
		트레드밀/스텝검사(최대산소섭취량,ml/kg/min)	42.0
	유연성	앉아윗몸앞으로굽히기(cm)	6.1
	신체조성	BMI(Kg/㎡)	18초과 25미만
		체지방률(%)	7%초과 25%미만

체력 인증 100(남자)

건강체력항목	근력	상대악력(%)	38
	근지구력	교차윗몸일으키기(회)	23
	심폐지구력 (택1)	20m왕복오래달리기(회)	19
		트레드밀/스텝검사(최대산소섭취량,ml/kg/min)	32.8
	유연성	앉아윗몸앞으로굽히기(cm)	10.1
	신체조성	BMI(Kg/㎡)	18초과 25미만
		체지방률(%)	16%초과 32%미만

체력 인증 100(여자)

청소년들에게 다른 부탁은 없으신가요?

편 청소년들에게 다른 부탁은 없으신가요?

최 직업군인을 희망하는 청소년들은 꼭 효도하면 좋겠어요. 직업 군인이 되면 어쩔 수 없이 불효자가 됩니다. 명절 때 대부분 못 가고, 집안 행사에 참여하지 못할 가능성이 높아요. 부모님과 함께 있을 때 잘해야 됩니다. 안 그러면 나중에 후회해요. 제가 중위 때 큰누나가 결혼을 했는데, 저는 못 가서 가족사진에 제가 없어요. 1991년 그때 걸프 전쟁이 일어났거든요. 대한민국으로부터 8천 킬로미터 떨어진 이라크에서 미군과 이라크군이 싸우는데 대한민국 강원도 화천에 있던 육군 중위가 휴가를 못 나갔습니다.

편 왜 미국이 이라크와 전쟁을 하는데 우리나라 군인들이 비상근무를 서는 거죠?

최 미군이 참전하면 미국은 관심이 그쪽에 가 있을 거고 그럼 한반도에 대한 관심은 상대적으로 떨어질 것이기 때문에 북한이 도발할 수 있다고 생각하는 거예요.

그리고 청소년 시절에 좋은 취미를 하나 이상 만들면 좋겠어요. 주말이나 휴가 때 매번 동료들과 함께 놀 순 없어요. 자기 혼자 외로움을 이겨낼 수 있는 힘도 필요하고요. 게임 말고 좋은 취미를 한 가지 만들어서 혼자 있어도 외롭지 않게 시간을 보낼 수 있으면 좋겠어요.

게임을 좋아하면 직업군인에 안 맞는 건가요?

📭 평소에 게임을 좋아하면 직업군인과 맞지 않는 건가요?

📭 최근에 미국 경찰에서 시뮬레이션 게임에 의한 훈련이 효과가 높다는 분석을 했더라고요. 게임기 조작과 드론 조작이 유사하겠지요. 지금도 전차에서 사격할 때 포수들이 미세하게 조준 장치를 조작하는데 사실은 게임을 잘하는 친구들이 이론적 지식을 조금만 알면 사격도 잘할 가능성이 높아요. 첨단 장비가 많아지면 학생들의 게임 능력도 장비를 다루는 데 도움이 될 거예요. 예를 들어서 요즘 배틀그라운드라는 게임을 하다 보면 상황에 맞는 무기도 선택해야 하고, 어떤 경우에는 포복도 하고, 건물 지역 전투를 할 때는 죽지 않기 위해 취해야 하는 이런저런 요령들이 있는데 그것들이 대부분 군대에서 가르치는 전투 기술과 일치해요. 일단 머릿속에 그런 기술을 기억해 뒀다가 훈련장에서 몸으로 실행하면서 숙달하게 되면 아무것도 모르고 훈련을 시작하는 것보다는 도움이 되겠죠.

유리한 전공이 있나요?

편 직업군인이 되는데 유리한 전공이 있나요?

최 제가 장교와 부사관으로 나누어서 담당 실무자에게 확인을 해 봤어요. 지원자의 전공과 자격증이 장교나 부사관을 선발할 때 가산점이 되냐고 물었더니 가산점을 주는 경우는 전혀 없대요. 장교는 대부분 고등학교에서 사관학교로 가거나 학군단을 가니까 전공과 관계가 없어요. 하지만 병과를 선택할 때에는 최우선적으로 고려하는 게 전공 학과예요. 예를 들어서 화학과를 나온 친구는 화생방 병과를 보내는 게 좋고, 건축학과를 나온 친구는 공병으로 보내는 게 본인과 군에 가장 좋죠. 대신 보병, 포병, 기갑, 방공, 인사 등의 병과는 전공과 무관해요.

부사관 같은 경우는 전공과 자격증 둘 다 선발에 고려 요소가 됩니다. 부사관은 선발 과정부터 자기가 희망하는 병과나 특기를 신청한대요. 예를 들어서 화생방 병과를 가고 싶다면 화생방 병과 선발 시 유리한 평가를 받을 수 있는 전공 목록이 있어요. 육군 모집 홈페이지에 각 병과마다 그 병과를 지원했을 때 유리하게 평가받을 수 있는 전공과목, 자격증 현황이 정리되어 있어요.

전공계열	학과	전공계열	학과	전공계열	학과
(육군협약)	건설정보부사관과(협약)	(육군협약)	특전부사관과(협약)		
(육군협약)	계열(국방전자통신전공)(협약)	(육군협약)	특전의무부사관과(협약)		
(육군협약)	계열(의무부사관전공)(협약)	(육군협약)	특전통신부사관과(협약)		
(육군협약)	계열(전투부사관전공X협약)	(육군협약)	항공정비과(협약)		
(육군협약)	군법부사관과(협약)	(육군협약)	화학부사관과(협약)		
(육군협약)	국방기술계열과(협약)	(육군협약)	환경화학부사관과(협약)		
(육군협약)	국방기술행정과(협약)	(육군협약)	효충사관과(협약)		
(육군협약)	국방물자과(협약)	(육군협약)	국방화학과(협약)		
(육군협약)	국방의료과(협약)	(육군협약)	국방물자과(병조)(협약)		
(육군협약)	국방정보통신과(협약)	(육군협약)	군수지원시스템과(협약)		
(육군협약)	국방탄약과(협약)	(육군협약)	국방행정안전과(협약)	●
(육군협약)	군사과(협약)	(육군협약)	국방시관과(협약)		
(육군협약)	군사학과(협약)	(육군협약)	국방드론항공과(협약)		
(육군협약)	군사학부과(협약)	(육군협약)	국방통신과(협약)		
(육군협약)	군사항공과(협약)				
(육군협약)	방공류도무기과(협약)				
(육군협약)	부사관과(협약)				
(육군협약)	부사관학과(협약)				
(육군협약)	응급의료부사관과(협약)				
(육군협약)	의무부사관과(협약)				
(육군협약)	자동차과(협약)				
(육군협약)	전문사관과(협약)				
(육군협약)	전문사관양성과(협약)				
(육군협약)	전투부사관과(협약)				
(육군협약)	정보통신부사관과(협약)				
(육군협약)	조리부사관과(협약)				
(육군협약)	총포광학과(협약)				
(육군협약)	특수건설기계과(협약)				
(육군협약)	특수장비과(협약)				
(육군협약)	특수통신과(협약)				

부사관 모집 병과별 우대 전공학과(예)

부사관 선발 시 관련 전공

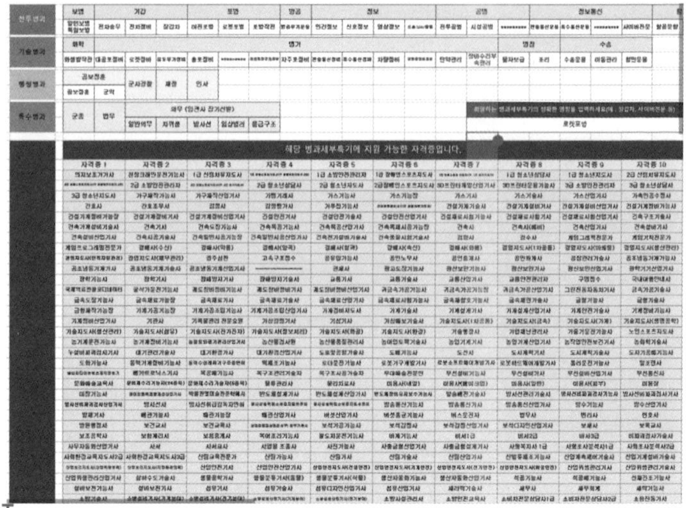

부사관 모집 병과별 우대 자격증(예)

직업군인이 적성에 맞는 사람, 적성에 맞지 않는 사람

편 직업군인이 적성에 맞는 사람, 적성에 맞지 않는 사람은 어떤 사람일까요?

최 저는 없다고 생각해요. 군대는 축소된 국가, 축소된 사회예요. 어디에서든 반드시 역할이 있어요. 모든 사람이 다 필요해요. 지금까지는 상식적인 선에서 내성적인 사람, 소극적인 사람, 운동 못하는 사람은 군대에 안 맞을 거라는 고정관념이 있었어요. 그런데 얼마 전에 영국군이 모병 포스터에 이렇게 썼어요.

"우리는 약점보다 더 큰 너의 장점, 잠재력을 원한다."

전화 좀비라고 부르는 휴대폰 중독자에 대해

"우리는 당신의 집중력을 필요로 한다."

개인주의 성향을 가진 사람의 경우

"당신의 자신감을 필요로 한다."

기존의 관점으로 봤을 때는 다 약점인데 그 약점이 오히려 특정한 분야에서는 강점이 될 수 있다는 거죠. 자폐증이 있는 친구를 국경 경비대의 CCTV 감시병으로 투입하면, 그 친구들은 미세한 변화에도 아주 민감하기 때문에 잘 잡아내죠. 보통 사람들은

CCTV를 여덟 시간 보고 있으면 멍해져요. 여러분들의 모든 강점과 약점이 전부 다 군대에서 필요해요.

최근 많은 임팩트를 줬던 영국군 모병 포스터

책이나 영화, 드라마 작품을 추천해 주세요.

편 청소년들에게 도움이 되는 책이나 영화, 드라마 작품들을 추천해 주세요.

최 드라마는 〈밴드 오브 브라더스〉, 영화는 〈라이언 일병 구하기〉, 〈위 워 솔저스〉, 〈블랙 호크 다운〉, 아프가니스탄 전쟁을 다룬 〈아웃포스트〉를 추천해요. 좋은 책이 많이 있지만 개인적으로 이원복 교수의 『먼 나라 이웃 나라』 전집을 추천하고요. 직업군인은 세계사에 대한 이해가 반드시 필요합니다. 군인은 국제 정세를 잘 알아야 해요. 이라크와 이란은 왜 싸웠을까요? 대한민국 육군 장교나 부사관은 몰라도 될 것 같지만 세계의 정세는 대한민국에 큰 영향을 미쳐요. 세계사를 가장 쉽게 풀고 핵심만 정리해 놓은 책이 『먼 나라 이웃 나라』입니다.

저의 개인적인 성향이지만 『골란고원의 영웅들』이라는 책이 있어요. 이스라엘과 중동 국가들이 싸웠던 4차 중동전쟁 때 이스라엘을 구한 카할라니Kahalani라는 대대장이 직접 쓴 책이에요. 이 책을 읽어 보면 최전선에서 군인들이 어떻게 싸우는지 알 수 있어요. 그리고 양희완 교수가 쓴 『군대문화 이야기(재미가 솔솔 붙는)』라는 책이 있는데 정말 재미있어요. 군대의 전투복이나 예복은 왜 저렇게 만들었을까, 언제부터 입었을까, 계급은 어떤 유래가 있고, 군에서 쓰고 있는 장식이나 의전은 왜 저렇게 하는 걸까 등 군대 문화에 대해서 재미있게 설명해 놓았습니다.

　육군사관학교 전사학과에서 만든 『세계 전쟁사』라는 책이 있어요. 꼭 이 책이 아니더라도 세계 전쟁사와 관련한 책을 읽어 보면 좋겠어요. 바로 이해가 되진 않겠지만 어렵더라도 인류 역사상 중요한 전쟁들이 왜 일어났고 어떻게 진행됐는지 알면 좋겠어요.

　『세상의 모든 전략은 전쟁에서 탄생했다』라는 책도 읽어 보세요. 『전투의 심리학』이라고 정말 어려운 책이지만 우리 초급 간부들은 물론 모든 군인들은 반드시 읽어 보기를 추천합니다.

南征北伐

교육단장실에서

직업군인이
되면

어떤 업무부터 시작하나요?

편 직업군인이 되자마자 어떤 업무부터 시작하나요?

최 직업군인의 업무는 너무나 다양합니다. 특히 병과에 따라 다르기 때문에 저는 개인적으로 병과가 직업이라고 생각합니다. 그 정도로 기갑병과 하사와 재정병과 하사가 하는 업무는 많이 달라요.

기갑병과에서 전차를 타는 하사는 흙먼지 날리는 훈련장에서 주로 생활을 하고, 재정병과 하사는 사단급 이상 사령부의 에어컨 나오는 사무실에 앉아 컴퓨터 앞에서 근무해요. 계급이 올라가면 점점 더 후방으로 가서 근무하겠죠. 생활 리듬도 달라요. 거의 정시 출근하고 정시 퇴근하고 가끔 야근도 하는 등 일반 직장인의 업무와 생활에 가깝다고 할 수 있어요. 하지만 기갑병과의 하사는 거의 대대급 이하의 부대에서 근무하고 야전에서 주로 생활하죠. 평소 주둔지에 있을 때도 근처 훈련장에서 훈련하는 것이 주요 업무예요. 우리가 보통 생각하는 직업군인 중 전형적인 초급 부사관은 보병부대 하사일 겁니다. 이 친구가 제일 먼저 수행하는 보직이 분대장입니다. 병사 여덟 명에서 열 명의 가장 작은 규모의 분대를 지휘해요. 경험이 쌓여서 하사 또는 중사를 달면 분대 세 개가 모여 있는 40명으로 구성된 소대의 부소대장 역할을 하는 거예요. 포병 같은 경우는 포반장이라고 해서 포반을 실제로 지휘해요. 보병의 분대와 똑같은 개념이에요. 포반장을 분대장이라고 보면 돼요.

기갑 같은 경우는 하사가 전차 조종수, 포수를 합니다. 전차 한 대의 지휘자를 전차장이라고 하는데 주로 소위나 중위 또는 중사나 상사가 해요. 정말 좋고 비싼 전차는 70억, 아무리 싼 전차도 30억 정도 해요. 무겁고 비싼 장비를 병사한테 맡기기 부담스러워서 요즘은 하사들이 담당해요. 만약에 특전사를 간다고 하면 그냥 막내예요. 거긴 다 간부거든요. 한 팀에 팀장이 대위, 부팀장이 중위, 팀원들이 다 상사, 중사, 하사는 최후임이고 병사들은 없어요. 특전사의 전투 인원은 다 간부예요. 막내라 따라다니면서 배워야 하는 입장입니다. 장교도 마찬가지예요. 장교도 보병 소위는 소대장 보직이 기본이고 그게 끝나고 나면 대대급 참모장교가 되기도 해요. 교육장교, 정보장교, 인사장교 등 중위급이 할 수 있는 참모 직위가 있어요. 현장에서 병사들과 함께 육체적으로 가장 힘든 일을 하는 사람들이 바로 이 사람들이죠.

처음에 힘들다고 포기하면 안 되는 게 계급이 올라갈수록 경험이 쌓이고 노하우가 늘면서 두 시간 걸리던 일을 30분 만에 끝낼 수 있고 그러면 쉬는 시간이 늘어나죠. 업무의 육체적인 강도는 점점 낮아져요.

근무 시간은 어떻게 되나요?

편 근무 시간은 어떻게 되나요?

최 천차만별인데, 일반적으로 아침 8시 30분에 시작해서 저녁 5시 30분에 퇴근합니다. 그런데 대부분 8시 이전에 출근해서 6시쯤 퇴근해요. 당직이라는 게 있는데 중대나 대대급 당직은 2주에 하루 정도 밤을 새워서 근무를 하고 다음 날 하루를 쉬죠. 훈련이 있어서 못 쉬는 경우도 있는데 원칙적으로 당직 근무를 서면 졸리기 때문에 사고를 예방하기 위해서라도 반드시 자러 가야 합니다. 만약에 주말에 훈련을 하게 되면 전투 휴무라고 해서 휴식을 보장해 줘요.

편 야근하게 되면 수당이 있나요?

최 물론 충분하진 않지만 수당으로 보상을 해 주는데 일반 공무원과 마찬가지로 시간에 제한이 있어요. 월 40~50시간으로 제한하는 것 같아요. 근무 시간과 여건이 전방, 후방이 다르고 부대별로 달라서 정말 힘든 전방 철책선 경계 근무 부대나 해안 경계 근무 부대는 1년 정도 근무하면 교대를 시켜줍니다. 이제는 복무 여건이 비교적 공평하고 합리적으로 돌아가고 있어요.

승진이나 업무 평가는 어떻게 받나요?

편 승진이나 업무 평가는 어떻게 받나요?

최 우리는 진급이라고 하는데 진급 평가가 가장 공정한 조직이 군대예요. 군대는 모든 자료를 갖고 있어요. 저의 사관생도 시절인 1986년 1월 25일 이후 저와 관련된 모든 자료를 볼 수 있어요. 저의 근무 태도, 군인으로서의 자질과 품성에 대한 상급자 및 동료들의 평가, 상 받은 것, 처벌 사항 등을 다 검토할 수 있죠. 일반 회사는 본인이 회사에 알려주지 않으면 모르잖아요. 군대는 다 알아요. 전부 진급 심사에 반영해요.

평가 체계를 저희는 평정이라고 하는데 보통 1년에 2회 근무평정을 합니다. 전반기, 후반기에 나눠서 하는데 근무평정은 1차 상급자와 2차 상급자가 해요. 장교와 부사관이 똑같아요. 예를 들어 분대장이 근무평정을 하면 1차 평정자는 소대장, 2차 평정자는 중대장입니다. 1차 평정자는 절대 평가를 해요. 소대장 같은 경우 밑에 분대장이 세 명일 때 다 잘 하면 세 명 전부 A를 줄 수 있어요. 그런데 2차 평정자는 A를 줄 수 있는 사람이 30퍼센트로 제한되어 있어서 서열이 나눠져요. 세 명 중 한 명은 A 나머지 두 명은 B 또

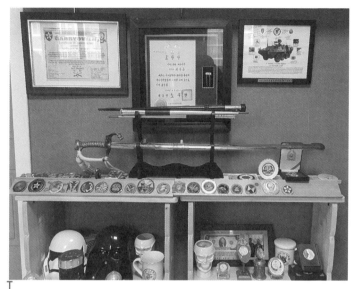

훈련을 같이한 미군들의 감사장

는 C를 주는 거예요. 그리고 근무평정 두 번을 다 점수로 매겨요. 1년 차부터 진급에 들어가지는 않아요. 5년 차 정도 되었을 때 진급에 들어간다면 5년 차와 이전에 진급을 못했던 사람들을 모아놓고 심사를 합니다. 지휘 추천이라고 해서 대대장, 여단장 등 지휘관들의 추천 순위도 반영되고요.

또 객관적인 점수로 나오는 게 있어요. 교육 점수, 표창 받았던 점수, 체력검정 점수, 자격증 점수, 학위 점수 등을 잠재 역량이라고 하는데 이런 걸 다 합쳐서 별도의 진급심사위원회를 구성합니다. 근무평정, 지휘 추천, 잠재 역량을 합해서 심사를 하기 때문에 누가 선발될지 아무도 모릅니다.

짧으면 1주, 길면 2~3주 동안 대상자를 한 명씩 띄어놓고 선발을 하기 때문에 진급 선발 절차는 공정하고 투명해요. 몇 년 전에 육군의 진급 심사 체계를 대기업들이 벤치마킹하겠다고 왔다가 다 포기하고 갔어요. 민간 기업이 육군처럼 개인에 대한 방대한 데이터를 가지고 있을 수 없거든요.

제 경험상 육군의 경우 진급하면 안 될 사람이 진급하는 경우는 많지 않아요. 과거에는 부사관들의 경우 오래 복무한 사람 순서대로 진급시키려는 경향도 있었는데 최근에는 많이 없어졌어요. 올해 처음으로 진급 심사 들어간 사람이 진급을 하고 4차, 5차 심사 들어간 사람이 진급이 안 되는 경우가 흔해요. 진급해야 할 사람을 진급시켜야 후배들도 열심히 하겠죠.

직업군인이 주의해야 할 게 있나요?

⬛편 직업군인이 제일 조심해야 하는 것들은 어떤 게 있나요?

⬛최 음주운전이나 폭행 사건 등 일체의 범법 행위는 절대 해서는 안 됩니다. 군 생활 끝까지 기록이 따라다닌다고 생각하면 돼요. 그런 사람은 모든 선발 때 제외 대상이나 일정 기간 감점 대상으로 명확히 명시되어 있어요. 사면 등으로 불이익을 줄 수 없는 상황이라도 기록으로 남아 있고요. 진급시킬 때 음주운전을 한 기록이 있는 사람과 아무것도 없이 깨끗한 사람이 있는데, 둘의 점수가 똑같다면 누굴 진급 시키겠어요. 그래서 초급 간부 때 자기관리에 철저해야 해요.

제가 하사들에게 매번 하는 얘기가 이거예요.

"자네가 10년 뒤에 뭐 하고 있을 거 같은가?"

그럼 대부분 10년 뒤에 상사를 달고 부대에서 생활하고 있을 것 같다고 대답해요.

"그럼 자네가 오늘 나가서 음주운전을 해서 적발된다면 10년 뒤에 뭐 하고 있을 거 같은가?"

이 질문에는 아무도 답을 못해요. 그럼 제가 말하죠.

"백 퍼센트 장담하건대 자네는 군대에 없을 거다."

일단 장기 선발이 안 되기 때문에 5년 있다가 나가야 하고 미래가 안 보이게 되죠.

여단장 시절 도하훈련장에서

제일 힘든 건 어떤 거예요?

편 직업군인에게 가장 힘든 건 어떤 거예요?

최 자유의 제한이에요. 보통 사람들은 늘 자유를 누리니까 자유가 제한되는 게 얼마나 불편한지 몰라요. 그런데 요즘은 코로나 때문에 느끼실 거예요. 엄청 불편하시죠? 직업군인들은 늘 그렇게 살아왔어요. 그래서 이 시국에 많이 힘들지 않아요. 견딜만하거든요. 군인들은 자기가 근무하고 있는 지역에서 멀리 못 벗어나요. 정상적으로 휴가 명령을 받아서 휴가를 가지 않는 한 주말이나 연휴 기간에도 부대를 중심으로 두 시간 이내에 소집 가능한 거리를 못 벗어나게 해요. 중요한 직위에 있는 사람들, 보통 비상대기조라고 불리는 사람들은 한 시간 이내, 나머지 간부는 두 시간 이내 거리에 있어야 해요. 많진 않지만 부대에 사고가 생겼거나 비상 상황이 생겨서 소집을 했는데 못 들어오면 처벌을 받습니다. 멀리 나가는 방법은 휴가를 내고 나가던가, 부대의 지휘관에게 보고를 해서 "제가 이번 주 토요일에 가장 친한 친구 결혼식이 서울에서 있어서 몇 시부터 몇 시까지 나갔다 오겠습니다."라는 보고를 하고 승인을 받은 상태에서 나갔다 와야 돼요. 직업군인에게 숙소를 제공하는 이유

중에 하나가 이거예요. 근거리 내에서 소집을 시켜야 하는데 마을도 없는 동네에서 집도 안 주면서 한 시간 내로 부대에 들어오라고 하는 건 말이 안 되잖아요.

추석이나 명절 때도 대부분의 간부들이 집에 못 가요. 군대에서 한꺼번에 휴가를 보낼 수 있는 인원이 제한돼 있어요. 보통 15~20퍼센트 이내, 많아야 30퍼센트 정도 되니까 열 명 중에 세 명만 휴가를 갈 수 있는데 그 인원에 병사까지 포함돼 있어요. 병사들을 20퍼센트 정도 보내고 나머지 10퍼센트 범위 내에서 간부가 휴가를 가는 거죠. 간부 중에 외아들이나 아버지나 어머니가 혼자 계셔서 꼭 가야 하는 사람 위주로 선발해서 보내죠. 나머지 간부들은 못 가요. 아니면 집이 부대 두 시간 범위 내에 있어서 잠깐 차례만 지내고 오겠다고 하면 명절 당일 아침 몇 시부터 몇 시까지 갔다 올 수 있게 해 주죠.

그다음에 힘든 건 스물네 시간 대기 상태를 유지하는 거예요. 군인은 스물네 시간 근무한다고 보는 게 맞아요. 특히 계급이 올라가거나 특정한 직책에 있는 지휘관들, 참모들은 스물네 시간 언제든지 연락을 받아야 해요. 그래서 저도 어떤 직책이 있을 때는 목욕탕에 갈 때도 방수 팩에 핸드폰을 싸서 갖고 들어갔어요. 사우나에 들어갈 때는 온도가 올라가면 터지니까 핸드폰을 방수 팩에 넣고 목욕 바가지의 찬물 속에 넣어서 들어갔어요. 직업군인들은 스물네 시간 긴장 상태를 유지해야 하기 때문에 밤 10시 넘어서 전화하는 건 실례입니다. 직업군인의 경험상 그때 걸려오는 전화는 십중팔구 사고가 났거나 비상이 걸렸거나 거의 안 좋은 소식이에요. 전화벨이 울리는 순간부터 심장이 뛰죠.

직업군인이 제일 힘든 건 이 두 가지예요. 이동의 자유가 제한되는 것, 스물네 시간 대기해야 되는 것.

사람에 대한 이해가 필요할까요?

편 직업군인은 병사들과 함께 생활하기 때문에 사람에 대한 이해가 필요하겠네요.

최 저는 대부분 첫인상으로 그 사람에 대해 80~90퍼센트 맞춥니다. 관상은 사실 통계잖아요. 제가 소위 때부터 얼마나 많은 친구들을 봤겠어요. 수천 명, 수만 명 정도 될 것 같은데요.

편 사람을 좋아해야 편한 일인가요?

최 진정성의 문제예요. 좋아하는 척하는 건 금방 알아봐요. 진정성을 갖고 내가 해줄 수 있는 만큼 해 주면 돼요. 병사들을 보면 한편으로는 측은하잖아요. 젊은 친구들이 자유를 박탈당하고, 부모님을 떠나와서 지내는 거죠. 측은한 마음으로 바라보면서 내가 해줄 수 있는 만큼 해 주면 돼요. 직업군인들은 원해서 군대에 왔지만 병사들은 아니잖아요. 제가 여단장을 할 때 아들이 군대를 가서 취사병으로 근무했는데 이런저런 일로 힘들어하는 경우가 있었어요. 아버지의 입장에서 보니 그 부대나 지휘관이 조금 야속해 보이더라고요. 조금만 신경을 써줘도 좋겠는데 제 계급이나 상황이 그래서 아들 부대에는 아무 소리도 못했는데 그러다 보니 우리 부대 병사들에게 더 관심이 가더라고요. 대신 과도하게 정을 주면 상처를 받는 일도 많아요. 제가 항상 말하는 게 병사들에게 잘해준 다음 어떠한 보상도 기대하지 말라고 해요. 내가 이 병사한테 이렇게 잘했으니까 나한테 이렇게 할 거라는 기대는 갖지 말아야 해요. 내가 잘해줄 수 있는 만큼 잘해 주고 끝내야 해요. 그래서 간부들이 가끔 냉정하게 보일 때가 있어요. 헤어질 때도 감정 표현이 없고요. 아무리 친하게 지내고 군대 생활을 잘했던 친구가 전역할 때도 석별의 정을 나누기는 하지만 최대한 담담하게 보내죠. 안 그러면 거의 매일 가슴에 피가 나요. 무뎌져야죠. 정이 없다는 게 아니라 평범한 일상으로 받아들이는 게 좋아요.

제일 큰 보람을 느낄 때는 언제예요?

편 직업군인으로서 제일 큰 보람을 느낄 때는 언제예요?

최 제가 여단장 할 때 어떻게 하다 보니까 1년에 큰 훈련을 두 번 나가게 됐어요. 전차, 장갑차 수백 대에 3,000명 정도 데리고 훈련을 나갔는데 정말 어려운 환경에서 훈련을 해야 했어요. 전쟁이 나면 지휘관인 저를 보호해 줘야 하는 경비소대장이 있어요. 10여 명을 데리고 장갑차 몇 대 끌고 저까지 경비해야 하는 친구인데 그 자리가 정말 바쁘고 힘들거든요. 2~3년에 한 번 나가기도 힘든 훈련을 그 당시에 봄에 한 번 나가고 가을에 한 번 나가서 3주 정도씩 야외 훈련을 했으니 얼마나 힘들었겠어요. 나중에 훈련이 거의 끝나갈 때쯤 그 친구가 저에게 와서 그러더라고요.

"여단장님, 이런 훈련이라면 1년 내내 할 수도 있겠습니다."

군 생활하면서 처음으로 군인다운 뿌듯함을 느꼈다는 거예요.

편 그렇게 힘든 훈련을 하면서 보람을 느낀 거네요.

최 사실 군인들이 훈련을 하면서 승리감을 느껴봐야 하는데, 안전상의 문제로 조금 하다가 중단하는 경우가 많아요. 그때 당시의 훈련은 훈련장으로 갔다가 오는 것만 해도 엄청나게 힘든 장거리 훈련이었어요. 그 훈련이 무사하게 끝날 때쯤 되니까 다들 너무 뿌듯해하는 거죠. 자기가 진짜 군인이 된 것 같다고 얘기하는 걸 보면서 우리가 잘해 주고 편하게 해 주는 것만 좋은 게 아니라 고생을 시켜도 '내가 군인이라서 자랑스럽다.'라는 직업적 자부심을 느끼게 해 주는 것도 정말 중요하다는 걸 알게 되었어요.

전차대대장 시절 훈련장에서. 내 뒤로 보이는 장비들만 몇 백억 원이다.

〈강철부대〉에 나오는 사람들이 그렇게 열심히 하는 이유는 자기 직업에 대한 만족감, 자부심 때문이에요. 누가 시킨다고 그렇게 하겠어요? 전역한 후에도 계속 운동하잖아요. 나는 특수부대 나온 사람이라는 자존감이죠. 군인은 자기가 군인답다고 느낄 때 가장 보람을 느끼는 것 같아요.

전투 시 나와 생사를 같이할 경비소대 전우들과 함께

최무룡 대령님과 두근두근 진실게임

편 이번 카테고리는 진실게임이에요. 대령님과 정말 솔직한 토크를 해 보려고 합니다. 제가 좀 이상한 질문을 드려도 당황하지 마시고 편하게 대답해 주시면 감사하겠습니다.

이런 사람, 제발 군대에 안 왔으면 ㅠ.ㅠ

최 인성도 중요하지만 부도덕한 사람과 같이 근무하게 되면 정말 힘들어요. 자기가 잘못했는데 그게 잘못이라는 걸 모르는 사람이 간혹 있어요. 상식에 대한 판단 기준이 다른 거죠. 너무나 당당하게 잘못된 행동을 하는데 누가 지적을 하면 본인이 뭘 잘못했는지 전혀 몰라요. 컵에 물이 있는데 잉크 한 방울만 떨어뜨려도 물 전체가 어두워지잖아요. 그런 사람이 한 명 있으면 조직 전체가 어두워져요. 그 한 사람 때문에 조심해야 하고 한 사람 때문에 스트레스 받아야 하고, 가능하면 멀리 있어야 해요. 결국에는 잘하는 사람이 그 조직을 떠나게 되더라고요. 그러면 조직이 가라앉아요. 그렇게 악화되기 전에 얼른 뽑아내서 혼자 하는 업무에 배치해야죠.

제가 예전에 잠깐 교회에 다닌 적이 있는데 목사님이 그런 말씀을 하시더라고요. 본인이 전방에서 병사로 군 생활을 했는데 생활환경이 힘드니까 서울대를 다니다 온 친구도 다 똑같더래요. 인간이 본능적으로 행동한다는 거예요. 그렇게 공부를 많이 하고 똑똑하고 사회적으로 지도층이 될 수 있는 사람인에도 불구하고 어려운 환경에 처하니까 자기부터 생각한대요. 먹는 거, 자는 거, 입는 거 군대라는 환경은 가장 열악한 환경이거든요. 공간적인 열악함도 있고 자유의 제한이라는 환경도 그렇죠. 그 시대의 젊은이들이 느끼기에는 가장 힘든 환경인데, 그 속에서 자기의 책무를 어떻게든 하는 친구가 있는 반면에 자기가 당연히 해야 할 일도 안 하는 친구들이 있어요. 자기 일을 안 하면 조직이나 다른 사람들에게 피해가 돌아가요. 그런 상황에서 솔선수범해서 자기 일은 물론 무책임한 사람의 일까지 해내는 장병들이 있어요. 그런 사람들은 상급자가 보기에는 너무 고맙고, 다른 동료들이 볼 때는 존경스럽죠.

🔲 대령님은 솔선수범하는 태도를 어떻게 연마하셨어요?

🔲 저도 편한 거 좋아해요. 그런데 사관학교 출신들이 그나마 군에서 조금이라도 좋은 평가를 받는 건 생도 4년 동안 받는 교육 때문인 거 같아요. 1학년 때 화장실 소변기 닦는 것부터 시작해서 행군할 때 중간에 10분씩 쉬는 시간에도 앉지를 못하게 해요. 소대장으로 나가면 쉬는 시간에 쉴 틈이 없어요. 소대원들 찾아다니면서 발에 물집 잡힌 거 확인해서 물집 따줘야 하고, 다친 병사 확인해서 심하면 앰뷸런스 태워야 하고, 경계 배치된 병사들은 경계를 똑

바로 서는지 확인해야 하는데 힘들다고 앉아서 쉴 시간이 언제 있겠어요. 상급생도가 되면 훈련 갔다 와서 먼저 씻지도 못하게 해요. 제일 먼저 후배들부터 씻게 하고 밥을 먹으러 가도 후배들부터 먹게 하고 제일 나중에 먹어야 해요. 임관 후 훈련을 가게 되면 나도 힘들지만 병사들은 더 힘들다는 거죠. 병사들이 훈련 갔다 와서 군장 다 정리하고 씻고 밥 먹고 잠자리에 들어가야 내 몸을 챙길 수 있는 거예요. 병사들의 마무리까지가 다 나의 일이라는 걸 생도 4년 동안 몸에 새길 정도로 배워요. 우리는 그게 당연하다고 생각하죠. 그런 걸 제가 스스로 연마한 게 아니라 육사 가서 떠밀려서 배운 거예요. 최소한 뭐가 바른 길인지 배워서 아는 거예요. 저라고 매번 그렇게 하고 싶었겠어요? 저도 힘들어 죽겠는데요. 어쩌다 그렇게 못한 날은 반성해요.

이런 특기를 가진 사람, 사랑합니다. 꼭 오세요!

📻 버선발로 뛰어나갈 정도로 기쁘게 맞이하고픈 특기가 있다면? 어떤 특기를 가진 친구들이 군대에 오길 바라세요?

📻 특정 분야의 국가기술자격증을 가진 친구들이 있어요. 그리고 특정 고등학교에서 군에서 지정한 전공을 하는 친구들이 있어요. 군에서 드론이나 사이버 관련 학과를 전공하는 친구들 중에 희망자를 받고 능력을 체크한 다음 장학금을 주면서 공부를 시키죠. 졸업한 다음에 군대에 와서 하사로 임관하는 순간부터 바로 장기 복무 부사관이라고 지정을 해요. 원래 모든 부사관들은 임관하고 2~3년 뒤에 장기 선발 과정을 거쳐야 하잖아요. 그런데 이 친구들은 하사로 임관하는 순간부터 그냥 장기예요.

📻 특기에 대한 굉장한 혜택을 주네요.

📻 군에서 요구하는 특정한 전문 특기를 가지고 있으면 무조건 정규직 공무원이에요. 제가 보기에 이거보다 더 큰 혜택은 없어요.

진급은 절차가 있어서 임의로 시킬 수는 없지만 특정 분야의 특기를 가지고 있으면 수당 등의 형태로 지원을 해 주는 경우도 있어요. 예를 들어 사이버 관련 학과로 고등학교를 나온 친구가 장기 복무 부사관이 됐어요. 부대에서 임무를 수행하는 데 이 친구가 발전할 가능성이 충분하고 위탁교육을 원하면 필요한 시험 준비를 해서 군대에 있으면서도 4년제 대학을 다니면 돼요. 군대 와서 군 생활하면서 전공 공부까지 하는 거죠. 그쪽 학과와도 협약이 되어 있기 때문에 수능만 일정 기준 이상 패스하면 돼요. 군대가 계속 전문화되기 때문에 특정 분야에서 전문성을 확실하게 갖고 있으면 군대는 블루오션이에요. 사실 대위 진급보다 중위로 장기 선발되는 게 훨씬 큰 기쁨이거든요. 예를 들어서 이런 거예요. A가 2010년에 임관을 했어요. 그러면 몇 년 안에 장기 선발을 해야 하는데 1차도 안 됐고 2차도 안 됐어요. 그런데 이때 대위로 진급을 했어요. 그런데 장기는 아닌 거예요. 반면 B는 A보다 1년 늦은 2011년에 임관했는데 운이 좋아서 먼저 장기로 선발된 거예요. 그럼 A는 장기가 아닌 대위이고, B는 장기로 선발된 중위잖아요. 누가 더 좋을 것 같아요? 어차피 B도 1년 후에는 복무 기간이 되어서 대위로 진급을 하잖아요.

편 장기로 선발이 되고 특별한 일이 없으면 진급이 따라오는 거네요.

최 그렇죠. 근속진급 제도라는 게 있어서 부사관 같은 경우는 장기 선발되면 특별한 하자만 없다면 최소한 상사까지 진급하는 경우가 대부분이죠. 장교의 경우도 대부분 대위까지는 진급을 해요. 다음에 소령으로 진급하는 것은 치열한 진급 경쟁을 해야 하니까 또 다른 문제이지만요. 그래서 장기 선발되는 게 훨씬 좋은 거예요. 특기 장학생이 임관과 동시에 장기 복무 부사관이 되는 제도는 정말 큰 혜택인 거예요.

미국 영화에 나오는 최첨단 장비!
우리나라에 있다? 없다?

📕 군대에 최첨단 장비들은 어디에 있고 누가 쓰는 건가요? 미국 영화에 나오는 그런 장비들이 우리 군에도 다 있나요?

📗 미국만큼 갖고 있진 않아요. 전 세계에 미국 같은 나라는 없어요.

📕 중국도 비교가 안 되나요?

📗 중국의 군사비가 많이 늘긴 했어요. 국방 예산만 놓고 봤을 때 1등부터 15등까지 보면, 당연히 1등은 미국이고 불과 몇 년 전까지만 해도 2등부터 15등까지 다 합친 것보다도 미국의 군사비가 더 많았어요. 최근에 중국이 좀 늘려서 2등이 되었고요. 그래도 3등부터 15등까지 다 합쳐도 미국이 더 많아요. 미국이 그렇게 돈을 많이 쓰니까 미국의 첨단 장비를 전 세계 어느 나라도 동일한 수준으로 가지고 있을 수는 없어요. 그런데 우리나라는 이 작은 나라가 경제적으로는 세계 7~8위 정도 되니까, 비교적 많은 첨단 장비들

을 가지고 있어요. 그리고 군함, 전투기, 잠수함, 전차, 미사일을 다 직접 만들어요.

편 우리가 직접 만드나요?

최 네. 이런 나라가 별로 많지 않아요.

편 그런 나라가 얼마나 되나요?

최 우리보다 잘 사는 몇몇 나라 정도밖에 없고, 또 어떤 나라는 만들 수 있어도 안 만들어요. 군대가 작으니까 굳이 만들지 않고 이웃 나라에서 사오는 거죠. 우리는 만들어서 수출까지 해요. 이런 첨단 장비들은 대부분 전방 부대에서 많이 갖고 있죠. 우리의 후방 지역은 대부분 학교 기관, 행정 분야 부대들이 배치되어 있어요.

내가 생활에서 군사 기술을 쓰고 있다고?

편. 군의 최첨단 기술이 우리 일상생활의 편리에 어떻게 사용되는
지 궁금해요.

최. 우리가 지금 공기와 같이 쓰고 있는 인터넷은 원래 군대에서
사용하던 체계예요. 60년대 미국과 소련이 핵무기로 경쟁을 할 때
미국 사람들이 제일 걱정했던 게 미국에 수많은 미사일 기지가 있
는데, 소련이 먼저 핵미사일을 쏴서 미사일 기지 일부를 폭격하면
전화선, 무전이 다 끊기잖아요. 우리가 보복하라고 지시를 내려야
하는데 명령을 내릴 수 있는 방법이 없는 거예요. 그럼 폭탄이 터져
도 유효할 수 있는 게 뭐가 있느냐 해서 그럼 데이터로 보내자. 그
래서 깔아두었던 망이 오늘날 우리가 쓰고 있는 인터넷과 유사한
개념이죠. 군대에서 쓰다 보니까 너무 좋은 거예요. 일부 기술은 민
간에 돌려주자고 한 거죠. 그게 인터넷이에요. 지금 전 세계가 인
터넷을 사용하면서 비약적인 발전을 이뤘잖아요. 컴퓨터 마우스도
사실은 민간 기업에서 개발해서 스티브 잡스가 매킨토시에 도입을

했던 것 같은데, 마우스 개발 과정에 미국 고등국방연구소가 투자하고 지원을 했어요. GPS, 내비게이션도 군에서 비행기나 군함이 어디를 가야 하거나, 폭격을 정확하게 하려고 개발했던 기술인데 민간에 넘어와서 지금 다 쓰고 있는 거죠. 이런 식으로 군에서 사용하던 기술이 민간에 넘어와서 생활을 윤택하게 하고 더 높은 단계의 기술로 발전시킨 게 엄청 많아요.

편 최근에는 미국의 경우 민간에서도 위성을 개발한다고 들었어요. 그럼 위성도 군에서 제한을 푼 건가요?

최 원래는 국가에서 통제했었죠. 그런데 미항공우주국에서 모든 걸 종합해서 우주 개발을 하니까 세금이 너무 많이 드는 거예요. 우주 개발 관련 연구는 계속해야 되겠고, 지원하는 세금은 한계가 있으니까 고민하다가 돈 많은 민간 기업에게 해 보라고 한 거예요. 그래서 미국만 아마존이나 테슬라가 자기 돈을 들여서 개발하고 있어요. 우리나라를 포함한 대부분의 국가들은 아직까지 국가 주도로 하고 있고요.

여행을 좋아하는 자유로운 영혼,
직업군인에 맞다? 안 맞다?

편 여행을 좋아하고 자유로운 걸 좋아하는 사람이 직업군인을 해도 될까요? 여행 다니는 거 좋아하고, 혼자 있는 것도 좋아하고 그런데 조직 생활도 나름 긍정적으로 잘해요. 이런 사람들 어떻게 생각하세요?

최 원래 군인은 역마살이 있어요. 국내를 포함해서 해외까지 다닐 수 있는 기회가 많죠. 제가 알고 있는 후배 중에 한 명이 지금 대위인데 그 친구가 장교 교육을 받으러 들어가기 전에 내 인생에서 이제 해외여행은 마지막이라고 있는 돈을 털어서 서유럽을 여행하고 왔어요. 그런데 장교 생활을 하면서도 발칸반도를 포함한 동유럽도 갔다 오고, 레바논 파병을 갔다 와서 휴가를 받았을 때 그리스, 터키도 다녀오고, 파병 끝나고 북유럽도 갔다 오는 거예요. 파병을 나가면 계속 스물네 시간 근무니까 휴가를 좀 길게 주거든요. 다음 여행 목표는 우유니 소금사막이래요. 지금 준비하고 있더라고요. 자기가 직업군인이 안 되었으면 이 정도 여행을 가지 못했을

대위 때 뉴욕 쌍둥이 빌딩 옥상에서

포르투갈에서 제일 좋았던 포르투에서. 전역 후 꼭 살아보러 갈 계획이다.

베네치아 산마르코 광장에서

거래요. 저도 군 생활을 30년 넘게 하면서 대위 때부터 정말 많은 해외여행을 다녔어요. 미국 동부, 말레이시아, 필리핀, 태국, 발리, 이라크, 쿠웨이트, 아랍에미리트, 사이판, 독일, 이태리, 스위스, 스페인, 포르투갈 등이요.

평상시에는 이동의 자유를 제한받잖아요. 대신 휴가를 내고 마음껏 다니는 거죠. 결핍을 느끼는 사람은 기회가 생기면 더 열심히 하잖아요. 집이 편안하고 행복한 사람은 집에 오래 머물러 있으려고 하고, 집이 좀 불편한 사람은 계속 밖으로 돌아다녀요. 군대에서 자유가 제한되는 게 있으니 휴가를 보낼 때는 여행을 많이 다니죠.

나는 SNS 소통의 광!
직업군인에 적합하다? 안 적합하다?

편 직업군인도 인스타그램이나 페이스북 같은 SNS를 해도 되나요?

최 저는 페이스북과 인스타그램을 해요. 물론 내용에 제약은 있어요. 정치적인 중립을 유지해야 하고, 군사기밀을 노출하는 사진과 내용은 절대 올리면 안 되겠죠. 당연히 악플이나 사회적으로 문제가 될 수 있는 잘못된 내용을 올리거나 의사를 표시하는 행동은 군인 신분이 아니더라도 해서는 안 되는 기본적인 상식이고요.

편 다른 분들도 많이 하나요?

최 많이 합니다. 주의해야 할 것을 명확하게 인식하고 준수한다면 전혀 문제 될 게 없어요. 어떤 정치인의 페이스북에 '좋아요'를 누르거나 선거철에 정치 관련 얘기를 쓰는 건 알아서 조심하죠. 제 SNS를 보면 사회적, 정치적으로 좀 예민한 이슈가 있을 때는 주로 먹는 사진이나 자연 풍광을 많이 올려요. 저도 대한민국 국민이니까 세상 돌아가는 것에 이런저런 말을 하고 싶지만 군인의 신분으로서 지켜야 할 것은 엄격히 지켜야죠. 그리고 당연히 군사 보안에 위배되는 글이나 사진을 올리는 것은 금지고요. 대부분의 군인들이 그런 제약의 범위 내에서 SNS를 통해 소통하고 있습니다.

Muryong Choi
10월 8일 · 👥

[나홀로 가을 여행 1일차]

매년 10.1.~15.사이는 나의 연례 여행기간이다.
보통 열흘정도 외국으로 나가는데, 작년과 올해는 알다시피...

올해는 이런저런 일이 있어 조금 늦게 출발했다.
목적지는 내 인생 추억에 있어 '공간지'인 강원남부, 산악지역이자 소위... 더 보기

나의 페이스북

신체장애를 가져도 직업군인이 될 수 있다? 없다?

편 혹시 신체장애가 있는 경우에도 직업군인을 할 수 있나요?

최 명확하게 기준이 있어요. 그 기준만 책 한 권 이상으로 두껍습니다. 젊은 사람들이 군대 갈 때 신체검사를 받잖아요. 신체장애등급이라는 게 있어요. 2급 이상은 안 된다는 기준이 있는데 다 공개가 되어 있더라고요. 특전부사관 같은 경우는 특수부대니까 신체검사 기준이 더 강화되어 있지만 대부분은 기준이 같아요. 예를 들어 다른 사람들은 2등급 이상이면 가능하지만 특수부대는 1등급 이상이어야 한다는 식으로 기준이 강화돼 있는 거죠.

편 그 기준에만 부합하면 직업군인도 똑같이 할 수 있는 거네요?

최 기준을 너무 강화시켜 놓으면 우수한 인재가 덜 모이겠죠? 몸이 조금 덜 건강한 경우에는 일단 와보라고 해요. 그래서 3급 같은 경우는 '심의 후' 판단한다고 되어 있어요.

　젊은이들이 군대 갈 때에 신체검사를 받잖아요. 검사하는 의사들이 병무 비리 우려 때문에 융통성 없이 기준 그대로 판정합니다. 기준을 통과하면 합격, 조금이라도 부족하면 불합격 이런 식으로요. 민원의 소지가 있기 때문에 엄격하게 할 수밖에 없어요. 그래서 신체에 장애가 있는 분들은 기준을 명확히 확인해 봐야 합니다.

드라마 〈D.P.〉 진짜다? 가짜다?

편 얼마 전에 엄마들끼리 모이면 드라마 〈D.P.〉 이야기를 많이 했어요. '군대가 과연 변했을까?' 걱정되더라고요.

최 그 드라마는 1980~1990년대 사이에 대한민국에서 부조리가 가장 심했던 부대를 꼭 짚어서 얘기한 걸 거예요. 예전에 28사단 윤 일병 사건이 있었을 때 기억나시는지 모르겠어요. 국군이 6.25 전쟁 때 어떤 전투에서 큰 패배를 했어도 그 부대의 대대장, 연대장, 사단장, 군단장, 육군참모총장까지 지휘 라인에 있던 모든 사람이 군복을 벗었던 적은 없었어요. 그런데 윤 일병 사건으로 중대장 대위부터 육군참모총장까지 다 옷을 벗었죠. 다 문책 받은 거예요. 군대의 부조리 때문에 병사가 죽었잖아요. 그 이후로 많은 제도를 바꿨어요. 요즘은 한 생활관에 여덟 명 정도가 있고 각자 침대를 쓰기 때문에 공간이 나눠져 있어요. 예전에는 한 개 침상에 이등병부터 병장까지 20~30명씩 썼거든요. 그 사건을 계기로 생활관 제도를 계급별로 바꿨어요. 지금은 이등병 생활관, 일병 생활관, 상병 생활관, 병장 생활관 이렇게 계급별 생활관으로 구분되어 있어요. 생활관 내에서 선임병에 의한 괴롭힘이 없게 하려고요. 같은 분대원이라도 하루에 훈련 네 시간, 여섯 시간 할 때만 모여 있고 나머지는 퇴근 개념으로 자기 생활을 해요. 사실 한편으로는 전우애가 쌓일 수 있는 시간적 여유가 많지 않아서 걱정하는 부분도 있는데 그럼에도 불구하고 부조리를 없애려고 군대에서 시스템을 바꾼 거죠.

한 가지 분명한 것은 공식적으로 현재 육군 병사들의 계급은 상급자, 하급자를 구분하는 기준이 아니에요. 즉, 병사들은 계급에 의한 상하관계가 아니라는 뜻입니다. 창군 시절 때부터 내려왔던 관습에 의해서 서로 상급자와 하급자라고 인식을 하고 있는 거죠. 군에서 병사들 계급은 군 생활의 기간과 경력을 나타내는 표시일 뿐이에요. 그러니까 병장이 상병이나 일병에게 지시하거나 명령할 권한이 없어요. 이등병이나 일병이 상병에게 복종할 의무가 없어요. 과거의 잘못된 폐습이 내려오는 거죠. 유일하게 병사 상호 간에 지시할 수 있는 사람은 분대장이에요. 병장 중에 하사가 부족해서 분대장으로 임명하는 경우가 있어요. 분대장은 공식적인 임명장을 받고 지휘자 견장을 달아요. 그 친구는 병사지만 자기 분대에 소속된 병사들에게 지시나 명령을 할 수 있어요. 그 친구가 지시하는 걸

따르지 않으면 명령 불복종이 되거나 지시 불이행이에요. 그런데 일반 상병이 일병에게 뭘 시켰을 때 본인이 할 일이 아니면 일병은 싫다고 하면 돼요. 전혀 문제없어요. 군대가 좋아지려면 이 인식을 가지고 지시나 명령 권한이 없는 선임병이 부당한 지시와 요구를 하면 거부해야 돼요.

편 군인들도 다 알고 있나요? 저는 처음 듣는 내용이에요.

최 병사 상호 간에 지시, 명령의 권한이 없다는 건 다 알아요. 왜냐하면 윤 일병 사건이 일어났을 때 거의 암기 수준으로 교육을 했으니까요. 군대 다녀온 남자들도 병사 상호 간에 지시, 명령의 권한이 없다는 건 다 알아요. 다 아는데 용기를 내서 행동하지 못하는 거죠.

편 그냥 관습이었네요.

최 미군도 마찬가지예요. 미군도 상병까지는 지시 권한이 없어요. 군 생활을 오래 했다는 경력인 거죠. 대신 상병 중에 분대장 교육을 받고 온 사람이 있는데 그 사람부터 지시 권한이 있어요. 명확해요.

편 이 책이 정말 많이 알려졌으면 좋겠네요.

평화가 찾아오면 군인이 필요 없다? 필요하다?

편 위협이 사라지고 평화가 찾아와도 군인이 필요할까요?

최 평화롭다는 건 평화를 위해 우리 군대가 보이지 않는 곳에서 열심히 일하고 있기 때문이죠. 평화가 찾아오는 게 아니라 평화가 지켜지고 있는 거예요. 그러니까 평화롭기 때문에 군대가 할 일이 없는 게 아니라 군대가 열심히 일하고 있기 때문에 평화로운 거예요. 내가 지금 편안하면 군인들이 정말 열심히 근무하고 있는 것이라고 생각하면 됩니다. 군인들이 보이지 않는 곳에서 북한을 비롯한 우리를 위협하는 세력들에게 경고하고 억제를 하고 있기 때문에 감히 도발을 못하는 거죠. 마치 물 위에 떠있는 오리는 태평하게 유영을 하지만 물속에서는 두 발이 쉴 틈 없이 움직이고 있는 것과 같은 상황이라고 할 수 있어요.

군복은 꼭 입어야 한다? 그렇진 않다?

편 직업군인은 군복이랑 군화를 꼭 착용해야 하나요? 훈련할 때 보호하기 위해서 입는 건 알겠는데 왜 평소에도 군복을 입는 건가요? 다른 의미가 있나요?

최 군인은 군복이 일상복이에요. 군복의 종류는 여러 가지예요. 우리가 일반적으로 얘기하는 군복이라는 건 전투복이고요. 근무복은 따로 있어요. 물론 전투 위주로 임무를 수행하는 전방에 있는 부대들은 전투복이 곧 근무복인데, 후방사령부나 학교기관 같은 곳은 당장 급하게 전투를 하는 부대가 아니니까 별도의 근무복을 입어요. 예전에는 출퇴근을 할 때도 군복을 입어야 했는데 요즘은 출퇴근할 때의 복장은 통제하지 않아요. 특히 수도권 지역에 근무하는 사람들은 지하철을 타고 다니는데, 군복을 입고 출퇴근하면 사람들의 시선이 쏠리잖아요. 불편하죠. 그래서 출근해서 환복을 해요. 일과 중에는 군복을 입지만 출퇴근 시에는 비교적 자유롭게 하고 있고 또 특정한 직책이 있는 사람들은 사복을 입고 근무하는 경우도 있어요. 영외에서 활동하는 군사경찰이나 국방부에 근무하는 군인들은 사복을 입고 근무하죠.

여단장 시절 훈련장에서

사관학교를 나와야 높은 계급장을 달 수 있다?

편 군대에서 높은 계급을 달려면 사관학교를 나와야 더 유리한 가요?

최 사관학교를 나오지 않아도 장군이 될 수 있어요. 지금 우리 육군에 사관학교 출신이 아닌 장군들이 얼마나 많은데요. 물론 비율로 따졌을 때 육군사관학교 출신들이 많죠. 왜냐하면 사관생도 기간 4년을 보내면서 군사훈련도 받고 군대와 관련된 일반학 수업도 받고 장교가 됐을 때 어떤 것이 잘하는 것인지 전부 교육을 받은 상태에서 소위를 달고 나와요. 그 부대에 육사 출신 소위, 학군단 출신 소위, 3사 출신 소위가 있다면 육사 출신이 그래도 말귀를 제일 잘 알아들을 거예요. 예를 들어 중위 때 교육장교를 하고 대위가 됐어요. 중대장을 나갔는데 다른 친구들은 소대장만 하다가 중대장을 나갔고, 육사 출신은 대대에서 참모를 한 후 중대장을 나갔으니까 대대가 어떻게 돌아가는지 잘 알겠죠. 그러면 대대장이 무슨 말을 해도 이해가 빨라요. 이런 식으로 중요한 보직 경험을 중위 때부터 쌓아 가는 거예요. 진급하기에 유리한 보직에 가고요. 대신 거기에 가면 고생을 많이 해요. 그러다가 소령이 되면 예전에 교육장교도 하고, 우수 부대로 선발도 되고, 사단 작전장교도 하고 그랬으니까 또 다른 주요 보직을 시키는 거죠. 사관학교를 나왔기 때문에 골라서 잘해 주는 것이 아니라, 사관학교 4년 동안 배웠던 것들이 토대가 되어 다른 동료들보다 첫 출발 시 한 발자국 앞서 있을 수 있는 겁니다. 그리고 많은 사관학교 출신들이 그 강점을 잘 활용해서 소위 때부터 철저히 자기 관리를 해 나가는 것이죠. 사관학교를 나왔어도 삐딱한 친구들이 있어요. 그럼 군대에서 아웃이죠. 학군단, 3사 출신도 마찬가지예요. 육사는 안 나왔지만 감각이 뛰어나고 지혜로운 친구들은 육사 출신과 똑같은 코스를 밟아요. 복무 기간이 어느 정도 되면 출신은 그렇게 중요하지 않게 됩니다. 지휘관이나 상급자 입장에서 내가 편하고 우리 부대가 잘 되려면 무조건 일 잘하는 사람을 뽑아요. 육사 출신이라고 모두 일 잘하고 훌륭한 사람만 있는 건 아니잖아요. 단지 많은 사관학교 출신들이 소위 때 한 발자국 앞서 있었던 강점을 지속적으로 유지하다 보니 상대적으로 진급 선발 비율이 높은 거라고 생각합니다. 제 주변에 친한 사람들이나 후배들 대부분 육사 출신이 아니에요. 그냥 저와 같이 임무 수행할 때 잘한 사람이 저에게 좋은 사람이에요.

편 꼬리표가 큰 의미가 없다는 말씀이네요.

최 특히 계급이 올라갈수록 출신 꼬리표가 의미 없어요. 학군, 3사 출신들도 자기 밑에 육사 출신의 똘똘한 친구가 와서 근무하면 좋고요. 육사 출신들도 학군단 출신의 똘똘한 친구가 와서 근무하는 게 훨씬 나아요. 일정한 계급에 올라가면 출신은 의미도 없고 영향을 주지도 않아요. 나랑 근무하면서 나와 내 부대에 도움을 줄 수 있는 사람이 최고예요.

나는 전차병이다!

이 책을 마치며

편 지금까지 긴 시간 동안 함께 달려왔습니다. 인터뷰를 하신 소감이 어떠신가요?

최 참 많은 질문을 받은 것 같네요. 편집장님이 독자들을 대신해서 질문하신 것 같아요. 그만큼 우리 국민들이 군대와 군인에 대해 알고 싶은 것은 많은데 별로 아는 게 없다는 뜻이기도 하겠죠. 제가 아는 범위 내에서 최대한 솔직하게 답변을 했고, 잘 모르는 부분은 자료를 찾거나 담당자에게 문의해서 답을 들은 내용입니다. 편집장님의 질문과 저의 답변이 일반적인 수준에서 군대와 군인에 대해 관심이 있었던 분들에게는 새로운 지식이 되고, 혹시라도 장래의 직업으로 직업군인을 생각하는 젊은이들이나 그들의 부모님들에게는 새로운 세상을 내다볼 수 있는 창문 역할을 했으면 합니다.

편 저는 대령님과 이 책을 만들면서 지금 열한 살이 된 제 아들이 나중에 군대에 가야 하는 현실에 대한 공포가 사라졌어요. 군대에 대해 정확히 알게 되어서 공포가 사라졌고, 대령님처럼 좋은 분들이 군에 계신다는 걸 직접 확인하니까 두렵지 않은 것 같아요. 이 책을 읽는 분들께서 군대와 직업군인에 대해서 어떻게 생각하길 바라나요?

최 제 군 생활 목표 중 하나가 '나와 같이 근무했던 전우들이 전역 후 군대와 관련된 기사에 군대를 비난하는 댓글을 다는 인원이 없도록 하자.'는 것입니다. 본인들이 원해서 오는 것도 아니고 가장 자유롭고 싶은 시기에 군대를 와야 하는 청년들이니 군대를 긍정적으로만 보기에는 무리가 있겠죠. 하지만 복무 기간이 변하고 근무환경이 변하더라도 앞으로도 상당 기간 군대와 군인은 여러분과 뗄 수 없는 관계를 지속적으로 유지할 겁니다. 군대와 직업군인인 간부들도 우리의 군대를 보다 선진적으로 만들기 위해 노력할 겁니다. 하지만 가장 중요한 것은 군대와 군인들에 대한 국민들의 신뢰와 지지입니다. 미국 군대가 세계 최강인 이유는 첨단 장비가 많아서가 아니라 미국 국민들이 자국 군대와 군인들에 대한 신뢰와 애정이 세계 최고 수준이기 때문입니다. 민주주의 국가의 군대는 '국민의 군대'입니다. 누군가의 말처럼 군대를 증오하는 국민들은 증오스러운 군대를 가질 수밖에 없습니다. 잘못했을 때는 따끔한

비판과 지도를 아끼지 말고 잘할 때는 칭찬과 격려, 신뢰를 보내는 애정도 함께해 주셨으면 합니다.

편 최무룡 대령님, 앞으로의 계획이 궁금합니다.

최 저는 현역 생활이 많이 남지는 않았습니다. 그 기간 동안에는 어디로 가서 어떤 보직을 받게 되더라도 저에게 부여된 임무를 완수하는 데 최선을 다할 것입니다. 그리고 이제 서서히 건전한 시민의 일원으로 돌아갈 준비도 병행할 생각입니다. 인생을 80이라고 봤을 때 처음 20년은 육사를 가서 군인이 되기 위한 준비를 한 시간들이었고, 그 후 37년은 직업군인으로서 산 기간입니다. 이제 나머지 기간은 군인 최무룡이 아닌 민간인 최무룡, 시민 최무룡으로 살 생각입니다. 그동안 직업적 제약으로 못했던 많은 것들을 자유롭게 하면서 살 생각입니다. 그런 생각을 하면 마치 어렸을 때 소풍 가기 전날의 기분처럼 설레기도 합니다. 제 앞날에 대한 계획은 '소풍'입니다.

편 직업군인이 되기를 꿈꾸는 우리 소중한 청소년들, 그리고 입대를 해야 하는 젊은 사람들에게 마지막으로 따뜻한 조언 부탁드려요.

최 생텍쥐페리가 이런 말을 했습니다.

"만일 당신이 배를 만들고 싶다면 사람들을 모아 목재를 가져 오게 하고 일을 나누고 할 일을 지시하지 말라. 대신 저 넓고 끝없 는 바다에 대한 동경심을 깨워주어라."

저는 사실 오늘 여러분에게 직업군인에 대한 동경심만 심어주 고 싶었는데 욕심을 내다보니 목재와 설계도까지 가져다준 게 아 닌가 싶습니다. 군인은 흐릿한 안개와 뜬구름 잡는 소리를 체질적 으로 싫어합니다. 구체적이고 정확하게 딱딱 맞아떨어져야만 일 이 끝났다는 안도감을 느끼게 됩니다. 그런데 저는 여기까지 왔는 데도 왠지 한쪽 구석이 덜 맞아 들어간 액자를 보는 것처럼 찜찜합 니다. 아직 뭔가가 빠져 있는 모양입니다. 곰곰이 생각해 보니 바로 행동이 빠져 있네요. 이 책의 최종 결과는 여러분이 행동할 때 비로 소 나타납니다. 혹시라도 직업군인의 길에 뜻이 생겼다면 바로 행 동에 들어가기를 당부드립니다. 세상은 몸으로 부딪치면서 앞으로 나아가는 용기 있는 사람에게 기회의 문을 활짝 열어 줍니다.

제가 인생의 모토로 삼고 있는 글을 마지막으로 여러분에게 들려드립니다. 여러분 모두 용기를 내어서 스스로 생각하는 인생을 살아가기를 기원합니다.

　"용기를 내어 그대가 생각한 대로 살지 않으면, 머지않아 그대
는 사는 대로 생각하게 된다."
　- 폴 발레리 Paul Valerly

🈩 저는 이 책이 정말 많은 사람들에게 읽히면 좋겠습니다. 제가
사실은 군대에 대해서 나쁜 고정관념을 가진 1인이었는데, 이 책을
작업하면서 정확한 정보를 많이 알게 되었고 대한민국의 멋진 군
대를 응원하는 멋진 시민이 되고 싶다는 생각을 했습니다. 그리고
본인의 의지와 상관없이 힘든 일을 겪은 우리 청소년들은 대령님
이 이 책에서 알려주신 국가의 다양한 지원을 통해 환경에 지지 말
고 계속 공부하고 성장하고 훌륭한 어른이 되어 좋은 세상을 만드
는 데 힘이 되어 주기를 바랍니다.

　평화는 찾아오는 게 아니라 지켜지는 거라는 대령님의 말씀이
가슴에 울리네요.

　여러분! 평화를 사랑한다면, 평화가 소중하다면 직업군인이
되어주세요. 평화를 지키고, 사랑하는 사람들을 지키는 대한민국
대표 선수 직업군인의 길에 여러분을 초대합니다.

마지막으로 이 시간에도 우리나라의 평화를 지키고 계시는 많은 장병들과 직업군인 여러분, 그리고 직업군인을 꿈꾸며 노력하는 미래의 직업군인 여러분에게 깊은 감사의 말씀을 드립니다.

잡프러포즈 『사랑하는 사람들을 지키는 국가대표 직업군인』 편을 마칩니다.

군 생활의 흔적, 약장

청소년들의 진로와 직업 탐색을 위한
잡프러포즈 시리즈 45

사랑하는 사람들을 지키는 국가대표 직업군인

2021년 12월 13일 | 초판 1쇄
2024년 6월 10일 | 초판 4쇄

지은이 | 최무룡
펴낸이 | 유윤선
펴낸곳 | 토크쇼

편집인 | 김수진
디자인 | 이민정
마케팅 | 김민영

출판등록 2016년 7월 21일 제2019-000113호
주소 | 서울시 마포구 월드컵북로 98, 202호
전화 | 070-4200-0327
팩스 | 070-7966-9327
전자우편 | myys327@gmail.com
ISBN | 979-11-91299-44-1 (43190)
정가 | 15,000원